SUR MESURE

33 comptes d'humour (plus ou moins) noir

Textes et dessins
Michel DALMAZZO

A ceci près, Éditions

ISBN 979-10-96181-00-1

Michel DALMAZZO
A ceci près, Éditions
11, Avenue du Bel Air
75012 Paris-France
©2016

Du même auteur :
33 Méthodes pour éviter la mort
Éditions Les points sur les i -2014

Sommaire

Infini

« *A qui donc parles-tu, flocon lointain qui passes ?*
A peine entendons-nous ta voix dans les espaces. »
Victor Hugo - Abîme / La légende des siècles, 2e série, 1877

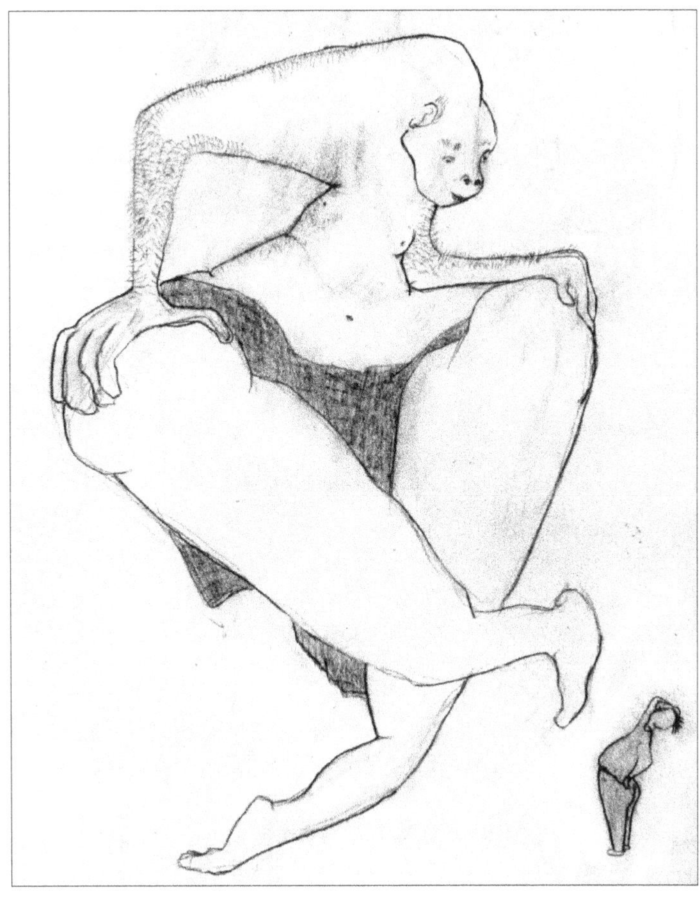

On connaît la célèbre pensée de Pascal :
« Car enfin qu'est-ce que l'homme dans la nature ? Un néant à l'égard de l'infini, un tout à l'égard du néant, un milieu entre rien et tout. »

En d'autres termes, l'homme rapporté au monde vaudrait ce que vaut le plus petit vermisseau rapporté à l'homme.

Ce qui lui donnerait la plus belle place : celle du divin milieu !

Profond, joliment dit mais, sans vouloir retirer le moindre mérite à Blaise Pascal (au contraire), je suis obligé de préciser qu'il ne savait pas ce qu'il disait, et cela pour la bonne et simple raison qu'à son époque - grosso modo celle de d'Artagnan et des trois mousquetaires - on ne connaissait pas la moitié du quart de ce qu'on trouve aujourd'hui dans un livre d'école sur les dimensions du monde.

S'il revenait de nos jours, non seulement il raffolerait de nos gadgets électroniques, mais je suis sûr qu'il aurait été le premier à vérifier ce qu'il avait à dire avant d'ouvrir la bouche.

Car l'infini se mesure aujourd'hui ! Dans un sens comme dans l'autre ! Et, si on ne craint pas l'arithmétique, il est même assez facile d'être précis.

Démonstration ?

Voici.

Qu'y a-t-il de plus petit au monde ?

N'importe quel prof de physique du XXIe siècle vous dira que ce sont les composants ultimes de la matière, ces minuscules poussières de *perlimpinpinium* dont sont faits les atomes et qu'on appelle des *quarks*. Il n'y a rien de plus petit et ça mesure 10^{-18} mètre.

Ceux qui ne jonglent pas avec les puissances de 10 peuvent s'en faire une bonne idée avec un mètre de boudin et un ciseau de cuisine.

Qu'ils coupent un dixième de ce boudin, puis un dixième de ce dixième, puis un dixième du dixième de ce dixième… Qu'ils recommencent, encore et encore, jusqu'à avoir fait cela 18 fois de suite et ils obtiendront ce qu'il y a de plus petit au monde : en l'occurrence un quark de boudin.

Bon, passons à l'autre extrémité.

Qu'y a-t-il de plus grand dans l'univers ?

L'univers, évidemment !

Une petite règle de trois (catégorie des problèmes de robinets qui fuient) a suffi aux spécialistes pour calculer la dimension de la *bouloïde* universelle : 30 milliards d'années-lumière de diamètre, pas moins.

Évidemment, ça fait beaucoup en mètres !

Très exactement :

30 milliards d'années (soit 30 000 000 000 ans) x 365 jours par an x 24 heures par jour x 60 minutes par heure x 60 secondes par minute x 300 000 kilomètres par seconde x 1 000 mètres par kilomètre !

Ce qui donne (il faut une calculette solide), en arrondissant, 10^{+27} mètres, c'est à dire un 10 suivi de 27 zéros (oui, c'est grand !)

Résumons-nous : on a d'un côté 10^{-18} mètre et de l'autre 10^{+27} mètres (voire plus).

On peut donc affirmer que l'homme (dont la taille excède rarement 2 mètres) est bien plus proche du *rien* que du *tout*, contrairement à ce que prétendait monsieur Pascal.

Je le sentais confusément mais, maintenant, les choses sont claires.

1500 cm³

« Prince, je connois tout en somme,
Je connois coulourés et blêmes,
Je connois mort qui tout consomme,
Je connois tout, fors que moi-mêmes. »
François Villon - ballade des menus propos, 1458

Le volume crânien de l'homo sapiens adulte est d'environ 1 500 cm^3, c'est-à-dire un litre et demi. C'est une moyenne, et l'écart autour de cette moyenne est très large : plus ou moins deux verres à moutarde. Par exemple, on sait que la cervelle d'Anatole France ou celle de Gambetta entrait largement dans un petit chapeau melon alors qu'il fallait un grand modèle haut de forme pour stocker celle de Lord Byron ou de Tourgueniev.

Une telle fourchette statistique ne saurait satisfaire celui qui veut s'instruire de lui-même, curiosité bien naturelle si l'on pense que le « *connais-toi toi-même* » n'est pas une parole en l'air.

Il faut donc mesurer.

Qui a essayé sait que ce n'est pas facile.

La bonne méthode est celle suivie par la cuisinière quand elle veut connaître la capacité de son moule à tarte : elle le remplit d'eau puis recueille le liquide dans un verre gradué.

Faire la même opération quand il s'agit d'une tête normalement constituée n'est pas facile. Si on compte aspirer par les oreilles le contenu de la boîte crânienne – condition nécessaire à son remplissage – on va droit aux pires complications.

Et on ne simplifierait pas grand-chose en passant par un petit trou qu'on aurait pratiqué au sommet du crâne.

En tout cas, si on veut faire les choses proprement et tout remettre en état, une fois la mesure prise.

Il n'y a qu'une seule vraie solution : ouvrir.

On sciera donc le crâne en deux, à l'horizontale, à peu près à la hauteur d'un béret basque. Une ficelle nouée autour de la tête servira de guide.

Il est important de couper aussi droit que possible.

Je ne saurais trop conseiller de confier l'opération à un spécialiste.

Contre un peu de monnaie, on trouvera facilement un professionnel serviable au rayon *découpage sur mesure* d'un magasin de bricolage.

Si le technicien n'a pas l'habitude de l'opération, il faut lui préciser de régler sa lame sur une profondeur de 4 millimètres afin de ne pas endommager la matière cérébrale.

Ceci dit, une erreur de quelques millimètres ne serait pas bien grave car la couche de graisse qui enveloppe le cerveau se reconstitue très vite aux premières contrariétés.

Seul le noyau, de la taille d'une petite orange, doit rester intact (c'est là que nous stockons nos fantasmes les plus précieux). Heureusement, enfoui au plus profond, il est bien protégé.

La nature est bien faite.

La découpe effectuée, inutile de risquer un courant d'air ou, pire, l'espièglerie maladroite d'un enfant délaissé par ses parents ou, pire encore, les sarcasmes d'un nihiliste. Ne restez pas bêtement votre calotte crânienne en main. Remettez-la aussitôt en place, non sans avoir épousseté la sciure qui s'y sera inévitablement accrochée. Posez par précaution quelques morceaux de ruban adhésif de part et d'autre et rentrez tranquillement chez vous.

L'opération suivante est le transfèrement de la cervelle dans un réceptacle temporaire.

On se sera procuré un saladier plastique, de forme hémisphérique, garanti sans bisphénol (norme N.F.) et équipé d'un couvercle moderne, de ceux qui assurent un bon équilibre entre aération et conservation du taux d'humidité. La taille a de l'importance : on doit pouvoir y placer la tête le plus justement possible mais sans difficulté.

La méthode de transvasement est très simple.

On retire la coupole crânienne (on se souvient que l'opération précédente l'a rendue amovible) et on se coiffe du saladier (on voit ici l'utilité d'en avoir préalablement vérifié les dimensions).

Tout en le tenant des deux mains, comme on le ferait d'un couvre-chef par grand vent, on incline doucement le buste vers le bas.

Les personnes souples y parviendront facilement. Les autres devront peut-être se mettre à genoux. L'important est de pencher suffisamment le crâne pour en recueillir le contenu dans le saladier.

Ce n'est pas plus compliqué que ça.

Peut-être devra-t-on secouer un peu la tête pour permettre le décollement de la matière gélatineuse.

Voilà tout.

Ceci fait, on pourra se relever en prenant garde, naturellement, à ne pas renverser le globe plastique qu'on tient entre les mains.

Trois conseils simples :
- Pensez à décrocher le téléphone avant de commencer.
- Résistez à la tentation de retirer ici ou là tel kyste de matière grise que vous soupçonneriez de vous réveiller la nuit ou tel autre qui vous empêcherait de vous lever.
Les racines sont souvent profondes.
Profitez-en plutôt pour faire quelques photos-souvenir.
- N'attendez pas, surtout s'il fait chaud, pour recouvrir votre saladier de son couvercle et le placer dans la partie basse du réfrigérateur.

Vient ensuite l'opération de bouchage des trous dont la nature a pourvu la boîte crânienne.
Même si on peut tout faire soi-même, en s'aidant d'une webcam ou d'un jeu de miroirs habilement disposés, il sera plus commode de confier l'opération à une personne de confiance.
Celle-ci devra d'abord nettoyer soigneusement tous les recoins de la cavité cérébrale.
Il arrive en effet que la matière molle laisse quelques concrétions - mauvais souvenirs, traumatismes, chagrins ou autres résidus de cette sorte - qui pourraient fausser la mesure.
Une brosse à dents à poils durs fera parfaitement l'affaire.
Le colmatage ne présente aucune difficulté si on utilise le bon matériau. On évitera la mie de pain ou la purée de pomme de terre qui ne résisterait pas longtemps, et même le chewing-gum ou le ciment de rebouchage dont on aurait un mal fou à se débarrasser quand on aura terminé.
Ce qui est quand même la moindre des choses.
Je recommande la cire.
Amollie à feu doux, elle s'applique facilement et un simple passage à l'eau chaude permettra de l'enlever aisément.

Vient enfin l'étape décisive, celle du remplissage par un liquide de la boite crânienne, d'une part, et de son couvercle, d'autre part.
Ai-je besoin de conseiller l'eau froide ? Faute de quoi la cire pourrait fondre.
Mais j'imagine qu'on y aura pensé.

Le mieux sera de tenir la tête bien droite, fermement appuyée sur le dos d'une chaise pendant que votre assistant procède au remplissage.

Il suffira ensuite de vous incliner au-dessus d'une cuvette pour recueillir l'eau que votre crâne aura pu stocker. Prévoir une large cuvette afin d'éviter toute perte de liquide.

Il ne faut pas oublier d'ajouter la capacité de la calotte crânienne. Pour elle, l'opération ne sera guère plus difficile que la mesure d'une assiette à soupe.

Reste à reverser calmement, sans précipitation, via un entonnoir, le contenu de la cuvette dans un récipient gradué.

Le moment est émouvant, alors gardez votre sang-froid quelle que soit la mesure obtenue.

Notez le résultat sans attendre, car la mémoire fait souvent défaut dans ces circonstances, et rangez le papier dans un endroit convenu.

Ce serait stupide que le papier s'égare.

Voilà.

La suite est évidente puisqu'il s'agit des opérations inverses : retrait à l'eau tiède des bouchons de cire, inclinaison du buste, introduction de la tête dans le saladier, redressement et retour du contenu dans son logement d'origine…

Quelques points de colle avant la fermeture du couvercle parachèveront la remise en état.

Évidemment, le trait de scie restera visible, mais c'est un maigre inconvénient si on songe au service rendu et à la facilité avec laquelle on pourra, si on le souhaite, effectuer d'autres relevés.

Le temps change tant de choses.

De plus, on s'apercevra vite, au simple regard des passants, que cette étrange cicatrice ne manque pas d'élégance.

19/4/1961

« Une équation tracée de main d'enfant ne comportait plus que des variables »
André Breton - Littérature, nouvelle série n°3, 1922

Je suis né le 19 Avril 1961 à Saint S... , petit village du Calvados où mon père, médecin généraliste, a sauvé la vie au moins une fois à chacun des habitants.

A cette époque - faut-il le préciser ? - on ne pouvait qu'attendre le dernier moment pour connaître le sexe de bébé.

Mon père, qui ne se laissait jamais surprendre par les événements, avait fait tapisser une chambre de bleu et une autre de rose, le bleu à l'est et le rose au sud, ce qui, au vu des théories actuelles sur le rôle de l'orientation des couleurs dans l'évolution intellectuelle de l'enfant, était très en avance sur son temps.

Ce n'est qu'un détail, bien sûr, mais il montre combien mon père était méticuleux.

Il suffit de consulter ses notes pour comprendre qu'il n'avait en la matière aucune leçon à ne recevoir de personne.

On peut y lire, par exemple, qu'au premier moment de mon premier jour, à quinze heures trois exactement, alors qu'il faisait 14 degrés *au gauche* de la fenêtre de son bureau (il préférait le terme de bureau à celui de cabinet), je pesais quatre kilos cent dix grammes et, bien déplié, mesurais quarante huit centimètres.

19/4/1961, 15 heures 3 minutes, 14 degrés, 4 110 grammes et 48 centimètres... voilà la première ligne du cahier bleu que mon père m'a légué.

A la seule vue de la page de couverture où il a écrit, avec application, et j'en suis sûr avec amour, ma date de naissance et mon prénom, j'ai un pincement au cœur.

Mon père consignera dans ce cahier tous les examens et relevés qu'il me consacrera de zéro à dix-neuf ans, c'est à dire du jour de ma naissance à celui de sa mort.

On y trouve de multiples indications chiffrées : la quantité et la composition de mes biberons, mes pointes de températures, mes doses de vitamines, ma tension, mon rythme cardiaque, et nombre d'autres nombres dont, bien sûr, écrits en gros et soulignés deux fois, comme pour ponctuer cette litanie arithmétique, la date et l'heure, mon poids, ma taille et la température extérieure.

Les mesures se sont espacées avec le temps, bien sûr, mais il y a toujours au moins une séquence par an, celle du jour de mon anniversaire.

Ah, mes anniversaires !

J'adorais le gâteau, les bougies, les cadeaux et toute l'attention dont j'étais le centre, mais je redoutais le réveil plus que tout.

Ces jours-là, mon père veillait à ne recevoir qu'un seul patient.

Et j'étais l'heureux élu.

Il m'attrapait au saut du lit.

Quelles que fussent les circonstances, je n'avais aucun moyen d'échapper à son ton clair et ferme. Il me mettait la main sur l'épaule, ma mère souriait déjà, et il me disait :

- Allez, mon gars, passe dans mon bureau, on va mesurer tout ça !

J'avais la certitude d'être l'enfant le mieux mesuré de la planète.

Rien ne pouvait faire manquer à mon paternel médecin cet examen annuel, même s'il avait été rendu inutile par un autre, fait quelques jours plus tôt, à cause d'un petit rhume ou d'une égratignure au genou.

Si son cœur avait tenu bon jusqu'à aujourd'hui, nul doute que mon peu d'empressement à me déshabiller n'aurait pas pesé plus lourd qu'autrefois.

A chaque fois, pendant que j'ôtais mes vêtements, il avait l'habitude de relever la température extérieure en consultant le petit thermomètre suspendu *au gauche* de la fenêtre de son bureau. D'aussi loin que je me souvienne, je n'ai jamais manqué une occasion de l'interroger sur cette curieuse pratique.

La première fois, je devais avoir huit ou neuf ans, il avait hoché la tête pour me féliciter de m'intéresser à son protocole scientifique. Je me souviens encore de la bouffée de satisfaction que j'ai ressentie. J'ai même l'impression qu'à cette seule pensée, elle me remonte encore aux joues.

Il me répondit :

- C'est un secret, fiston, mais je vais te le dire quand même.

Mon cœur a bondi quand il a approché sa bouche près de mon oreille pour chuchoter :

- Et bien voilà : c'est parce qu'il… le faut… Il le faut !

Je n'étais pas dupe, mais cette fausse explication me suffisait. Je devinais une mécanique compliquée, de celles qui font comprendre aux enfants pourquoi il y a des adultes et, aux adultes, pourquoi il y a des spécialistes.

Surtout, les sous-entendus complices de mon père me donnaient la certitude que je pourrais un jour accéder au cœur du mystère, et j'étais fier d'avoir un père qui détenait la solution de ce mystère-là.

Ce n'est qu'au matin de mes dix-neuf ans que j'ai vraiment eu l'impression de m'en approcher vraiment :

- Enfin, Michel ! À chaque fois, tu me poses la question ! Pourtant, maintenant que tu es à l'Université, tu devrais savoir qu'il y a une équation entre chaque homme et le monde.

C'était donc ça !

J'ai mis du temps à croire à l'existence d'une telle relation.

Probablement parce que les variables principales que mon père avait choisies - la date et l'heure, ma taille, mon poids et la température extérieure - m'en avaient caché beaucoup d'autres.

Porte 3, ascenseur 11, gare 47

« Je suis fils de l'homme et de la femme, d'après ce qu'on m'a dit. Ça m'étonne… je croyais être davantage ! »
I. L. Ducasse (Comte de Lautréamont) - Les Chants de Maldoror, 1869

Notre univers a 17 portes d'entrée, 23 ascenseurs et 121 gares qui fonctionnent à plein régime, jour et nuit.

Ben oui, ce ne pas grand-chose pour desservir une mégapole comme l'univers, mais il faut se rendre compte des dimensions : gigantesques ! Par exemple, la porte la plus petite, parce-que la plus ancienne, est traversée par un million de voies, dans chaque sens, et il y a un million de sens, chacun sur un million de niveaux, tous calibrés pour permettre le passage simultané d'un million d'objets célestes de toute sorte, avions-trains, avions-autobus, trains-convoyeurs, avions-plateaux, autobus-inverseurs, multi-trains, trains-polygones, avions de rotation, de translation, de permutation, avions-hyper-cubes, hyper-tubes et autres hyper-trucs, chacun capable de transporter un million de systèmes solaires, tous un million de fois plus gros que le notre…

Et pourtant ce n'est pas assez !

Comme il n'y a pas d'organisation, aucun gendarme, aucune régulation, aucune méthode, la circulation est terrible. On ne compte pas les accrochages. Plus on approche des portes d'entrée, plus il y a de mondes-épaves, restes d'accidents effroyables, et plus les embouteillages deviennent longs et difficiles.

C'est ce qui explique que l'univers ne se remplit pas vite.

On attend beaucoup.

La patience est le prix à payer pour naître.

Je suis arrivé par la porte 3.

Pourquoi le porte 3 et pas une autre ?

Il faut bien arriver par quelque part.

Je ne sais pas combien de temps j'ai attendu avant de passer le Périphérique.

Je n'y croyais plus. Je dormais, collé au temps qui passe.

Le temps est une glue.

Je ne suis sorti de ma torpeur que lorsque j'ai senti un choc. Probablement une collision. Je me suis redressé. Il y avait du monde qui bougeait autour de moi, au moins quelques centaines d'amas galactiques, mais encore englué dans mon sommeil, j'avais l'impression d'être seul au monde.

Je me suis laissé porter par les courants gravitationnels. Ils étaient chauds et bons comme des odeurs de pâtisserie.

Sans m'en rendre compte, je me suis trouvé dans l'ascenseur 11.

Je me souviens qu'il y avait une musique, un chant, qui faisaient comme une publicité pour la tristesse.

Je ne sais pas à quel étage, l'écriteau lumineux a clignoté : *caresse-pluie, caresse-joie, caresse, caresse, pluie, joie, douleur, caresse, caresse, pluie, joie*. A chaque fois que le mot *douleur* apparaissait, il était rapidement remplacé par *douceur*. Une ou deux fois, le mot c*aresse* s'est transformé en *paresse*.

J'y ai vu comme un poème qui se corrigeait tout seul. J'ai aimé et je suis sorti.

J'ai continué tout droit.

Le flot des galaxies qui m'entouraient s'était un peu éclairci. J'ai pu m'arrêter pour étudier de grands panneaux colorés, les premiers que j'aie vus, qui indiquaient une bonne douzaine de directions.

Il y en avait un plus gros que les autres, avec un trou noir comme l'œil d'un borgne. Un autre, à l'opposé, portait une flèche rouge qui traversait une orange bleue. Je ne me souviens pas trop des autres car j'avais déjà choisi le mien, un panneau blanc avec le dessin d'un oiseau.

Quand l'oiseau s'est envolé, je l'ai suivi.

Dans un virage, je l'ai perdu de vue et je me suis retrouvé je ne sais où.

Il y avait des rues et des carrefours. Il y avait tant de rues, il y avait tant de carrefours ! Noires et froides.

J'ai eu peur, je l'avoue. Ne pas savoir où aller est comme le milieu de la mort.

C'est à ce moment que ma main gauche a attrapé une rampe. Elle était douce et chaude comme une main. Elle m'a fait du bien. Je ne l'ai pas lâchée et j'ai continué, sans chercher à comprendre.

Longtemps, longtemps.

Sans réfléchir, on ne se rend pas compte du temps qui passe.

Le temps est un miel.

J'ai vu au loin le nombre 47. J'aime bien le nombre 47. J'ai l'impression que le 4 et le 7 vont bien ensemble. Alors j'ai été par là.

Et c'est comme ça que je suis arrivé à la gare 47.
Là, je suis monté dans le premier train en partance.
J'ai cherché une place près d'une fenêtre et je me suis assis.
Le train s'arrêtait souvent.
A chaque fois, je me demandais si je devais descendre.
Et puis, je suis descendu ici.
Je ne sais pas pourquoi.
C'est idiot.

152 019ᵉ position

« ... sept péchés capitaux, deux doigts de la main, dix gouttes
avant chaque repas, trente jours de prison dont quinze de cellule,
cinq minutes d'entracte
et...
plusieurs ratons laveurs. »
Jacques Prévert - Inventaire / Paroles, 1946

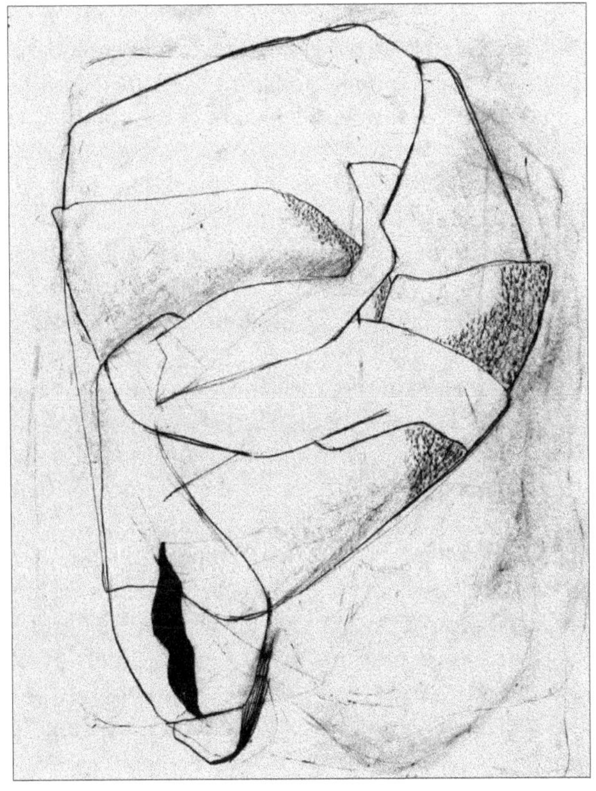

En principe, sauf exception, sauf incident, sauf erreur, dans la famille du dur, on peut compter 206 os non soudés, 60 pour les membres supérieurs, 60 pour les membres inférieurs, 60-60 comme pour ne pas faire de jaloux, 28 os de la tête dont, pour le crâne, le pair, l'impair, le sphénoïde et l'ethmoïde, pour l'oreille interne, le marteau et l'enclume et, pour la face, le fameux lacrymal et le non moins célèbre zygomatique. Il y a 26 vertèbres non soudées, la plupart très susceptibles, 12 paires de côtes, dont 3 fausses et deux flottantes, flottantes mais nec mergitur, 2 fois 8 os du carpe, c'est dans la main, dont le scaphoïde, le lunatum, le trapézoïde et le capitatum, 2 fois 7 os du tarse, là c'est le pied, dont le calcanéum et le cuboïde, 2 os du genou, 24 côtes, ah oui je l'avais déjà dit, 2 clavicules, 32 dents, 8 incisives, 4 canines, 8 prémolaires, 12 molaires, dont certaines vraiment, vraiment… J'ai oublié les deux os sésamoïde, mais je ne sais plus où ils sont.

Tant pis, je passe sur l'ossellerie, je m'attaque au mou. Il faut savoir qu'il y a 26 muscles du pied dont le muscle carré plantaire, 24 muscles de la jambe, en particulier le muscle long extenseur de l'hallux, 22 muscles de la cuisse, 12 muscles pelvi-trochantériens (c'est ici qu'on trouve le muscle obturateur externe (qui n'est pas photographique), 8 muscles glutéaux, tous forts et sensibles, 13 muscles pelviens, agréables au toucher, quoique ça dépende des personnes, 40 muscles de la main, habiles mais souvent paresseux, 32 muscles de l'épaule, dont le petit et le grand rhomboïde, 10 muscles de l'abdomen, 67 muscles du thorax dont le diaphragme, lui non plus n'a rien à voir avec la photographie, 28 muscles de la nuque, ceux-là n'aiment pas les lendemains de fête, 10 muscles cervicaux antérieurs, dont les étranges muscles scalènes, 20 muscles du larynx, on aurait pu en dédier quelques uns à Verdi ou Rossini, dommage, 17 muscles de la langue, dont les étonnants stylo-glosse, génio-glosse, hyo-glosse et palato-glosse, 4 muscles de l'oreille interne, 14 muscles oculomoteurs, oculomoteur avec un seul c, passons, passons, il y a encore beaucoup à dire.

Venons-en aux câbles. Il y a les nerfs, abducens, accessoire, buccal, fémoral, ilio-inguinal, subscapulaire, supraclaviculaire et tant d'autres qui mériteraient à être connus. Et les tuyaux ! Il y a les artères, comme la carotide et ses prolongements, la faciale, l'occipitale, la stylo-mastoïdienne, la temporale superficielle, la maxillaire, mais je suis obligé d'abréger, je dois quand même citer l'aorte, sinon ça risque de me porter malheur, et ses ramifications, comme la cœliaque, et la mésentérique, ou l'artère iliaque et ses variétés comme l'artère d'Adamkiewicz et la pudendale interne… Ah, il y a aussi les veines, comme la saphène, la jugulaire, la céphalique, la pulmonaire, la veine cave…

Bref, bref, bref, là aussi il y a ce qu'il faut, mais si j'entre dans le détail de la canalisation, je ne pourrais pas parler du reste : 43 paires de chromosomes, chacun composé d'un beau paquet de paires de base, par exemple le chromosome numéro 1, numéro 1, parce-que c'est le plus gros, 246 millions de paires de base, si on touche au hasard, on provoque des gros dégâts, ici un cancer du cerveau, là une hémorragie par les oreilles, il y a pire, mais c'est trop affreux, restons sur le plan général, il y a environ 30 000 gènes, oui c'est approximatif, ça dépend comme on compte, je peux en citer quelques uns, par exemple ceux qui s'occupent des muscles : Pax3, Myf5, Pax7 et Mox2 pendant la myogenèse précoce, Lbx1, Myf-6, FGF, NfatC3 pendant la myogenèse tardive. Bien sûr, il y en a d'autres, mais dans l'ensemble les noms ne sont pas pittoresques, sauf peut-être le TGF-béta, mais ça se discute. Il y a les gènes de la couleur des yeux, des boutons sur le nez, de la fossette au menton, de la longueur des oreilles, je ne peux pas tous les citer, je me limiterai à un que j'aime, sur le chromosome 8, à l'emplacement 22, le gène LPL, LPL pour lipoprotéine lipase, c'est lui qui est responsable de la douceur des lèvres, évidemment, il ne fait pas que ça, mais c'est le plus important, la douceur des lèvres, ça se trouve à la 152 019ᵉ position de la chaine ADN, et ça occupe une longueur de 1202 protéines, 1202 c'est pourtant pas grand-chose, il n'en fallait pas plus, mais il fallait le reste pour arriver à la douceur des lèvres.

4,2 années-lumière

« Mais dans la voûte même où s'élèvent mes yeux,
Que de mondes nouveaux, que de soleils sans nombre,
Trahis par leur splendeur, étincellent dans l'ombre ! »
Alphonse de Lamartine - L'infini dans les cieux
Harmonies poétiques et religieuses, 1830

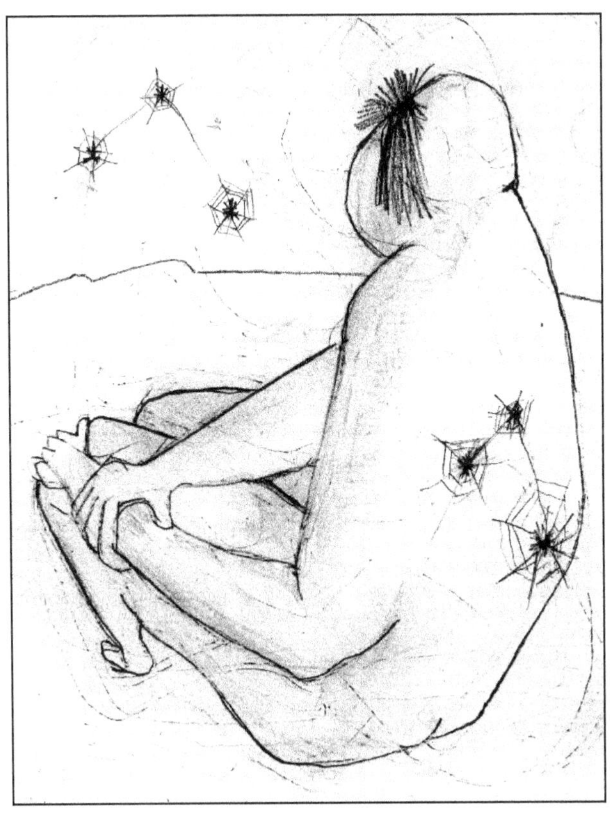

On estime à près de 6 000 le nombre total d'étoiles allant de la magnitude 1 à la magnitude 6.
C'est à dire les étoiles théoriquement visibles à l'œil nu, si la nuit est noire, le temps clair et l'air pur.

6 000 en prenant le ciel au complet, sur les deux hémisphères…
Bien sûr, c'est beaucoup moins que les 300 milliards d'étoiles de notre galaxie, mais ça fait quand même beaucoup !
Il vaut mieux réfléchir un instant avant de se lancer tête baissée.
Malheureusement, les étoiles les plus visibles ne sont pas les plus proches !
L'étoile la plus visible (après le Soleil, évidemment) est *Sirius* (8,6 années-lumière).
Quelle que soit la vitesse dont on serait capable, la choisir reviendrait à allonger inutilement la durée du voyage.
La seconde étoile la plus visible (moitié moins que Sirius) est *Canopus* (310 années-lumière).
Qu'on y songe : 310 années-lumière ! 310 années-lumière !
A éviter absolument.
C'est la troisième étoile la plus visible (six fois moins que Canopus et douze fois moins que Sirius) qui est la plus proche. Il s'agit d'*Alpha du Centaure*. Elle se trouve à 4,2 années-lumière.

Je répète, car les conséquences sont trop importantes !
Si on veut aller au plus proche, et donc au plus rapide, il faut choisir la troisième étoile du ciel la plus visible ! La troisième !
Cette méthode, basée sur la luminosité apparente des étoiles, est empirique, je le sais bien !
Mais, on s'en doute, l'âme n'a aucune technologie directionnelle embarquée.
Nue, rien dans les mains, rien dans les poches.
Je ne vois guère que cette méthode pour lui permettre, le moment venu, de tenir la bonne direction.
Vu l'infinité des distances, compter sur le hasard ou la bonne fortune serait une folie dans laquelle on se perdrait un long moment, et cela même si la vitesse de navigation de l'âme en milieu interstellaire avoisine celle de la lumière – ce qui n'est pas prouvé.
Sans parler de la lassitude, des inattentions, des engourdissements qui, faute de repère, pourraient provoquer des écarts de conduite

imperceptibles mais gravissimes : dans cette sorte de voyage, le néant est partout.

Une erreur suffit, le doute apparait, le découragement l'emporte et, au terme de milliers d'années d'errance, on risque de se jeter sur la première planète bleue qui passe, comme l'ont fait les âmes perdues ici-bas.

Je ne saurais donc trop conseiller au lecteur de s'entraîner à distinguer les étoiles dans le ciel, et ce à chaque fois que c'est possible.

Il ne sera pas inutile non plus de retenir les différents noms d'Alpha du Centaure : *Alpha Centauri, Rigil Kentaurus* (ou *Rigel Kent* ou *Kentarus*), *Toliman, Bungala.* Au cas où on peut demander sa route à un gendarme cosmique, ce serait bête de ne pas se faire comprendre.

J'avoue n'avoir trouvé aucune méthode pour aider les âmes malvoyantes.

Probablement, devront-elles se fier à leur intuition ou faire confiance à quelque voyageur.

21,5° C

« Volupté, Volupté, qui fut jadis maîtresse
Du plus bel esprit de la Grèce,
Ne me dédaigne pas, viens-t'en loger chez moi »
**Jean de La Fontaine - Les Amours de Psyché et de Cupidon,
1669**

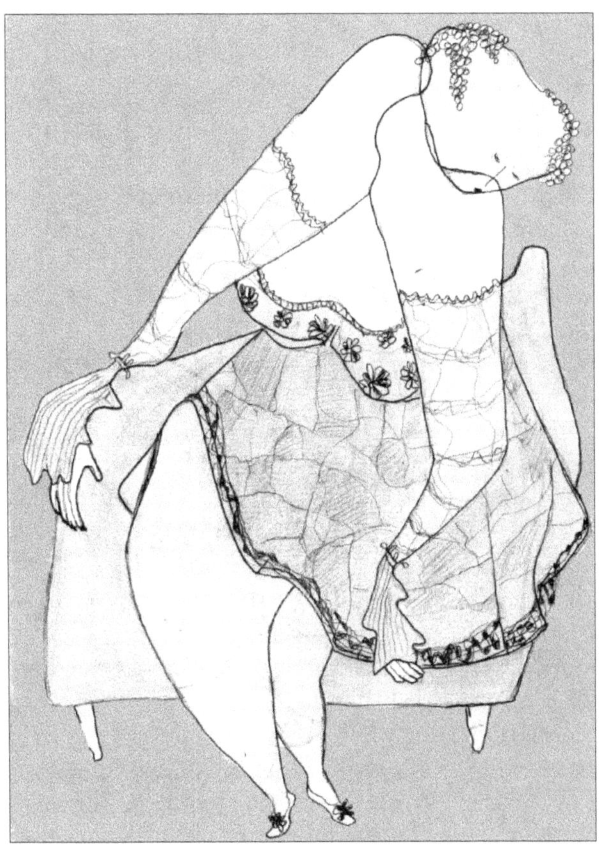

Pour un tendre rendez-vous, qu'y a-t-il de plus romantique qu'une maisonnette rustique dans la forêt, le chant des oiseaux, le souffle du vent dans les branches, le craquement du feu dans la cheminée ?

A condition de veiller à la température !

C'est un élément important, peut-être même le plus important.

Il suffit de penser qu'un demi degré de plus ou de moins peut déplacer des masses d'air gigantesques, déclencher des orages, des ouragans, provoquer des catastrophes...

Inutile d'en rajouter : il faut préparer avec soin ses meilleurs moments pour mieux les vivre.

Ici, comme ailleurs, un peu de travail est toujours récompensé.

J'avais fait une petite recherche, pensant à juste titre que la question, comme tout sujet sérieux, aura déjà été analysée.

Effectivement, les solutions ne manquaient pas.

J'avais retenu celle qui semblait la plus sûre, installé sur mon ordinateur portable les programmes qu'on me recommandait et réuni le matériel nécessaire.

Évidemment, j'étais arrivé bien avant l'heure.

La température de la chambre était tiède, suffisamment pour retirer son manteau, mais pas son pull-over.

Aucune importance, je savais ce que je devais faire. Je l'avais suffisamment potassé mais, par précaution, j'ai repris le mode d'emploi au début :

« *Allumer un feu ardent dans la cheminée et attendre que toutes les bûches aient donné un bon quota de braises* ».

Simple.

Il y avait du bois sec en quantité ; le propriétaire qui m'avait loué ce gîte pour le week-end, l'avait fait livrer à ma demande.

Une petite heure a suffi. J'en ai profité pour prendre une douche et me raser au plus près.

Le brasier arrivait à bon point quand j'ai quitté la salle de bain.

J'ai saisi mon carnet, un crayon et une gomme, et sorti de leur étui le télémètre-laser et le thermomètre électronique que j'avais emportés.

J'ai commencé par le relevé des dimensions de la chambre, 4,20 m sur 4,55 m, et celles du lit, 1,90 m x 2,05 m x 0,70 m.

Très confortable, ai-je pensé en testant rapidement la qualité du matelas et le silence du sommier. Rapidement, car je ne voulais pas me déconcentrer.

J'ai changé d'instrument et me suis intéressé aux températures.
En plaçant le thermomètre au milieu de la chambre, à 2,05 m de la cheminée, j'ai noté :
-20,5° à 0,20 m du plafond,
-19,5° à 1,50 m au dessus du plancher
-18,5° à 0,10 m du plancher.
Suivant scrupuleusement les recommandations du manuel, je n'inscrivais le résultat d'une mesure qu'après avoir constaté la concordance entre deux lectures successives faites à deux minutes d'intervalle.
La méthode était sérieuse.

A un mètre de la fenêtre, dont les joints étaient très défectueux (il faut s'y attendre dans ces vieilles bâtisses normandes), la température était de 19,7° au voisinage du plafond et de 17,5° près du sol.
Au mitan du lit, protégé des radiations caloriques de la cheminée par le cadre (un paravent de bois sculpté s'élevant de 33 centimètres au dessus du matelas), la température était fraîche :
-20° à 0,20 m du plafond
-19,2° au niveau du lit (0,70 m au dessus du plancher)
-18° sous le lit (à 0,10 m du plancher)
J'ai terminé mes mesures par les relevés de températures aux coins de la pièce…

Satisfait, j'ai relu l'ensemble calmement, allumé mon ordinateur et lancé le logiciel.
J'ai commencé par introduire le plan 3D de la pièce, en positionnant les fenêtres, la porte, la cheminée et chacun des meubles.
C'est une opération normalement pénible et délicate, mais la reconnaissance optique de tous ces éléments et la bibliothèque intégrée, options dont j'avais fait l'acquisition avec le logiciel, m'ont grandement facilité la tâche.

La saisie des mesures que j'avais effectuées ne m'a pris que quelques minutes.

Une dernière vérification et je suis passé à la suite.

Le programme m'a alors posé quelques questions d'ordre personnel, embarrassantes mais logiques. J'y ai donc répondu sans tricher.

Seule, la dernière question - *température souhaitée au centre du lit ?* - m'a fait hésiter.

J'avais lu quelque part que la température idéale dans ces circonstances, si on veut éviter la soif, le coup de chaud ou le refroidissement, est pour l'homme de 19° et pour la femme de 21°. Il aurait donc été judicieux de retenir une température de 20° mais, compte tenu de la fraîcheur de la saison et de ma préparation physique, j'ai joué la prudence et je me suis décidé pour 20,5°.

C'est ce dernier chiffre que j'ai indiqué à l'ordinateur avant de cliquer sur le bouton *calcul*.

Le résultat est apparu aussitôt.

Je devais *raviver le feu au plus vite, rapprocher le lit de 0,80 m du centre de la pièce, l'orienter de 15° par rapport à la cheminée, puis, quand la température des oreillers aurait atteint 20°, ouvrir les draps pendant 13 minutes et les refermer.*

Ce que j'ai fait sans discuter même si, un moment, la position du lit dans la pièce m'a semblé curieuse.

J'ai distillé enfin au dessus du lit un petit parfum à la vanille que j'apprécie beaucoup.

Mais ceci est un choix personnel.

J'étais content. Tout était fin prêt.

J'ai rangé mes ustensiles, éteint mon ordinateur, je me suis assis sur le lit et j'ai attendu en rêvant.

Une petite heure plus tard, on frappait à la porte.

Elle avait dix minutes de retard.

Je l'avais prévu, elle est si coquette.

1849-1870

« On ne sait pourquoi cet homme prit naissance.
Et pourquoi mourut-il ? On ne l'a pas connu.
Il vint nu dans ce monde, et, pour comble de chance,
Partit comme il était venu. »
Jean Richepin - Épitaphe pour n'importe qui,
La chanson des gueux, 1881

Y-a-t-il des feuilles moins utiles à l'arbre que d'autres ?

Hippolyte Lepetitfèvre est né le 16 Avril 1849, rue des Vitriers, au dessus de la buanderie Bersault, au sud de Bourg-Les-Tours.

Sa mère, Adélaïde Lepetitfèvre, née Pottère, était laveuse chez Boursac, la teinturière de la place des Saints Innocents, près de la cathédrale.

Son père, Hector-Jules Lepetitfèvre, était cordonnier-bourrelier. On le tenait pour un artisan habile et honnête, ce qui lui valait les grâces des bourgeois de la ville.

On donna à Hippolyte le prénom de son grand-père paternel, mort des bronches l'année précédente en leur laissant trois louis d'or et une petite maison familiale, près de la Mironde, dans le quartier de Haute-Grange. C'est là qu'Hector et sa femme s'installèrent en décembre 48 et qu'Hippolyte vint au monde.

Il a été baptisé par le père Branger. L'eau bénite était froide, mais il n'a pas pleuré.

Madame Leptitfèvre donna le sein à son garçon, puis à deux autres petits qu'elle avait pris en nourrice. Cela dura pendant près de deux ans, jusqu'au jour où sa poitrine se mit à rendre un lait jaune et sale.

L'année suivante, elle eut deux filles, deux jumelles. Une ne passa pas la Noël.

A sept ans, Hippolyte alla à l'école publique de la rue des Chambres Métières. Il en apprit suffisamment pour aider dès l'âge de douze ans son père à préparer les colles et les graisses, tendre les peaux, cirer et lustrer le cuir, recevoir les clients et livrer les commandes jusqu'aux villages voisins.

Il venait de fêter ses quinze ans quand un chien errant, attiré par sa gamelle, l'attaqua alors qu'il mangeait sur le seuil de la boutique. L'animal eut à peine le temps d'enfoncer les crocs dans son mollet qu'Hippolyte lui avait déjà perforé plusieurs fois le cœur avec une gouge attrapée sur la table de coupe.

Sa petite sœur fut emportée par une fièvre pendant l'hiver 65.

En 67, il embrassa deux fois Gervoise, une grosse blonde au rire bête, qui se refusa à lui, pour épouser Benoit, le fils Maillassac.

Voilà, c'est à peu près tout.

L'ordre de mobilisation de Juillet 1870 l'envoya rejoindre le 52ᵉ bataillon de marche à Conté-en-Champagne.

Quelques jours plus tard et, avant d'avoir utilisé son fusil une seule fois, il fut touché au sternum par une balle prussienne, tirée depuis le haut du cimetière de Juranville.

Hippolyte mourut face à terre en inspirant une odeur de cresson et de plâtre mouillé.

Sa dernière pensée fut pour la Bertrande, une qu'il aurait aimée et à qui il n'avait jamais parlé.

4 hypothèses

« oh jeunesse oh jeunesse alors à cette table
où le néant bouffait le déjeuner instable
des possibles conflits en une identité
survint la loi tranchante et indécomposable
qui lança des trous d'être en l'indéfinité. »
Raymond Queneau - Petite cosmogonie portative, 1950

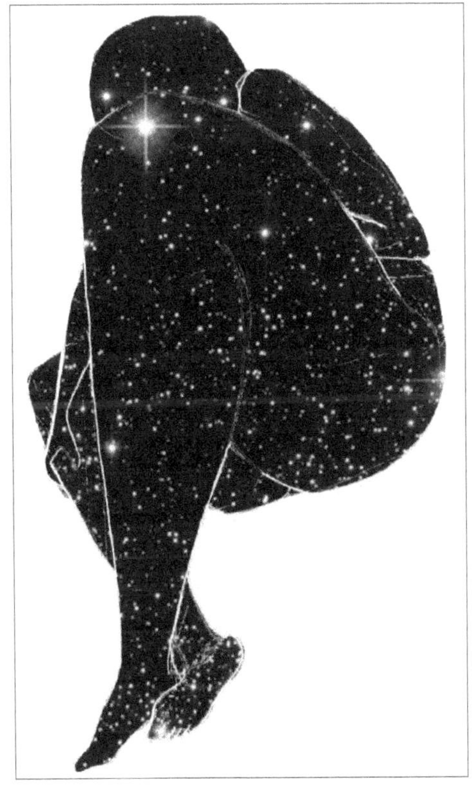

Comment fonctionne l'univers ? Accessoirement, comment a-t-il commencé ?

Il y a aujourd'hui trois théories sérieuses, peut être quatre.

La plus connue, appelée *théorie du grand conflit*, s'appuie sur le constat que tout un chacun peut faire : la nature a horreur du vide et réciproquement.

Ce n'est pas compliqué.

Le Vide, haineux, mesquin, roublard, passerait son temps à regrouper les atomes, les presser les uns contre les autres, partout et à chaque fois que c'est possible, dans l'objectif ultime de concentrer la matière en un seul endroit, puis à force de resserrements et de contractions, obtenir une boule, puis une boulette, puis une poussière, poussière que, d'un spasme, il n'aurait aucun mal à faire disparaître.

La Nature de son côté, comme consciente du danger, serait animée par une préoccupation bien légitime : s'échapper dans toutes les directions, faire diversion, s'étendre au maximum.

Une sorte de lutte cosmique entre le vide et le plein, le contenant et le contenu, le mal et le bien, se déroulerait ainsi depuis la *nuit des temps.*

Mais ça ne s'est pas toujours passé ainsi.

Autrefois, avant cette *nuit des temps*, vide et plein cohabitaient paisiblement dans un Rien universel.

Un jour, vide et plein se brouillèrent.

On n'en sait pas la raison mais, selon les spécialistes, c'était inévitable, vu qu'ils se supportaient depuis toujours.

La séparation fut violente, brutale, explosive. Les anglo-saxons, avec le manque de poésie qu'on leur connait, ont appelé *Big-bang* ce triste événement.

Depuis, la guerre continue.

Voilà l'idée.

Le modèle est simple et séduisant. Reste cette question fondamentale : *de l'être ou du néant, lequel va-t-il l'emporter ?*

Au contraire de la précédente, la seconde théorie, dite du *grand retour,* soutient que toutes les composantes de l'univers, loin de se faire la guerre, n'ont qu'un objectif : se réunir.

Évidemment, ça demande des explications.

Pour les inventeurs de cette théorie, la cause du Big-bang ne serait pas un confit entre les membres du ménage initial mais une décision du Rien qui aurait, pour des raisons douteuses, violemment expulsé ses locataires !

Heureusement, ce grave incident n'a pas mis fin à l'amour qui régnait dans le couple originel. Tel une éponge impalpable et élastique, enveloppant tout, imbibant tout, reliant tout à tout, l'amour remplirait tout l'espace, interstellaire comme interatomique. Les morceaux de notre monde, éparpillés par le Big-bang comme les pièces d'un puzzle géant jeté en l'air, resteraient amoureusement rattachés les uns aux autres par des élastiques invisibles.

Avec le temps, le puzzle se reconstruirait tout seul, doucement mais sûrement.

Ce qu'on appelle l'évolution des choses et des êtres serait le retour mécanique au paradis perdu.

Beau, romantique, presque trop pour être vrai…

En troisième position, vient la théorie dite *du grand bazar*.

Selon ses partisans, il faut voir dans les phénomènes de notre monde l'expression aléatoire de nécessaires coïncidences.

Là, c'est très facile à comprendre.

Si on attend suffisamment, le hasard finit par s'ajouter au hasard dans une variété de méthodes telle qu'il est normal de trouver ici ou là quelques régularités. Même si certaines apparitions peuvent sembler miraculeuses, comme une sonate de Mozart ou une toile de Picasso, il s'agirait de vulgaires coïncidences, voire de simples illusions probabilistes.

Les tenants d'une telle hypothèse s'appuient sur des modèles mathématiques compliqués, visant à démontrer que des relations spécifiques apparaissent toujours entre n'importe quels morceaux de n'importe quoi, du moment qu'ils sont mélangés et frottés longuement les uns aux autres.

Ce qui revient à dire qu'être ou ne pas être serait une question idiote puisque tout peut être ou ne pas être selon le temps qu'on peut y consacrer.

Un peu facile, il me semble.

Enfin, je ne peux passer sous silence la quatrième théorie, en fait la plus ancienne, mais aussi la plus… Je préfère vous laisser juger par vous-mêmes.

Selon cette théorie, dite théorie du *grand divertissement*, il faut voir dans l'univers un fabuleux passe-temps, un grand jouet, une sorte de jeu de billes dans une sorte de bac à sable, dans lequel s'amuseraient d'incroyables personnages.

Ce que nous pouvons en comprendre ne seraient que les fragments les plus simples de la règle du jeu. Les sautes d'humeur des joueurs nous rendraient le reste - c'est-à-dire la plus grande part - définitivement inintelligible.

Je n'insiste pas.

Que penser de tout cela ?

J'ai toujours défendu la première hypothèse, mais je dois avouer que mes raisons sont moins théoriques que personnelles : je me sentirais inutile dans un monde piloté par l'amour, le hasard ou les dieux.

Qu'aurions-nous à y faire, sinon vivre et mourir ?

C'est pourquoi la fougue de mon tempérament, s'ajoutant à un sentiment confus de solidarité, m'a poussé très tôt à choisir mon camp et vouloir donner un coup de main à la matière dans la guerre qui l'oppose au néant.

Depuis, l'âge avançant, je crains de devoir changer de camp prochainement.

J'ai du mal à m'y faire.

Le petit morceau de pour-cent qui reste

Alfred de Musset – Marie / Poésies nouvelles, 1857

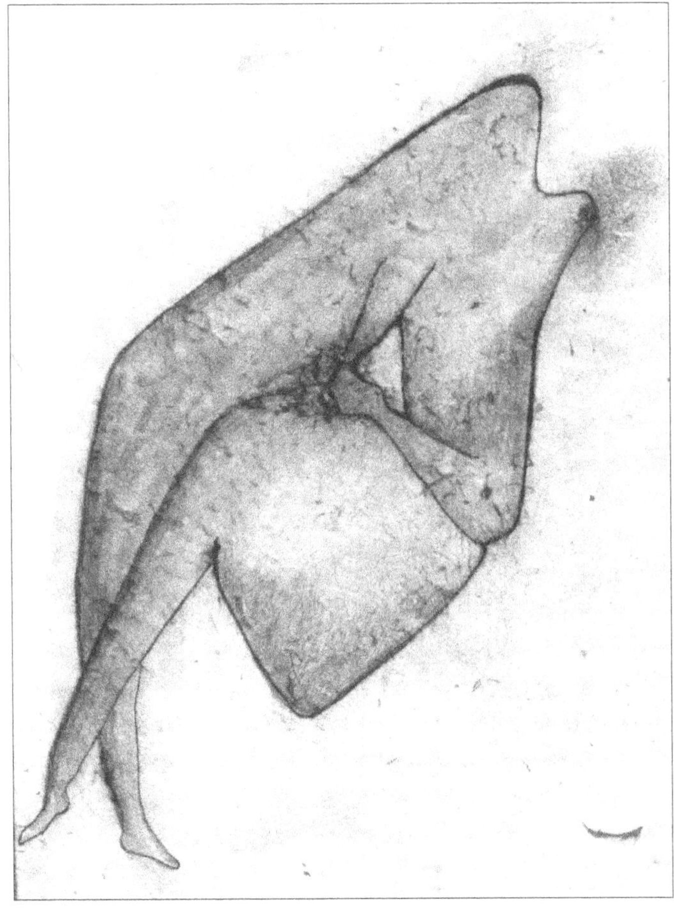

Beaucoup de gens sont déçus par l'explosion qui a donné naissance à l'univers tant, selon eux, le monde qui en est résulté serait insensible à nos petites personnes.

Au premier abord, les chiffres pourraient leur donner raison : 99,9 % de toute la matière qui a été fabriquée - quatre-vingt-dix-neuf virgule neuf pour cent ! - passe dans l'éclairage, le chauffage et la décoration du monde !

Ce qui représente beaucoup d'effort pour un bien maigre résultat !

Mais il y a le reste, le petit morceau de pour-cent qui reste. Et là, il faudrait être difficile pour ne pas apprécier le résultat !

Un exemple suffira : le quartz !

On ne peut pas faire plus commun : certaines plages de sable fin ne contiennent que ça !

Eh bien, ce matériau banal peut, à lui seul, en dire long sur la sensibilité des choses !

Voici : les cristaux de quartz ont la propriété de se charger d'électricité lorsqu'ils sont comprimés et, inversement, de se déformer lorsqu'ils sont soumis à une tension électrique !

Rien de plus, rien de moins !

Ça s'appelle *l'effet piézoélectrique.*

Quand on m'a expliqué ce prodige à l'université, j'ai mieux compris ce que j'avais ressenti quelques années plus tôt.

J'avais seize ans.

Je connaissais le baiser, le baiser de Klimt, le baiser de Rodin, le baiser de Marylin Monroe à Clark Gable, je savais ce qu'en avaient dit Verlaine, Baudelaire et mes bons copains, j'avais pratiqué quelques fois. C'était tout, c'était beaucoup et c'était rien.

Il faisait nuit. Elle s'appelait…

Nous nous étions cachés dans une ombre de la plage, assis sur le sable, côte à côte, genou contre genou.

Quand nos mains se sont effleurées, j'ai senti comme une petite décharge qui est passée entre nous.

Je doute qu'on puisse parler d'électricité statique. Les petites étincelles de cette sorte surviennent dans les endroits secs, les corps sont rarement concernés, mais c'est possible, nous avions, elle et moi, une sueur particulière. Avec le temps, je pense qu'il s'agissait plutôt d'une tension interne, une vibration, une crispation subitement libérée, un tremblement de cœur.

En tout cas, la surprise m'a fait sursauter d'un ou deux centimètres, suffisamment pour sentir son souffle passer sur ma joue comme un trait de crème vanillée.

J'ai vu un rayon de lune allumer son regard.

Je me suis approché. Elle m'a devancé.

Et nous avons doucement posé nos lèvres les unes sur les autres.

Rien de sauvage, rien de fou. Un simple contact deux fois deux à deux.

Rien à signaler. Pas de goût enivrant, pas de trouble. Rien d'extraordinaire.

Je ne me suis pas dit que je m'y prenais mal. Ce n'était pas la première fois. Ces gestes-là sont simples.

J'ai bougé la langue, un peu, je crois. J'ai senti mes dents s'écarter sans l'avoir vraiment cherché. Je ne crois pas avoir été plus loin.

Elle a avancé sa langue, nous nous sommes touchés de l'intérieur. Un simple glissement de salive.

Sage.

Une bave plutôt qu'une lave.

Il n'y avait là rien à redire, rien à inventer. L'inclinaison des têtes peut-être, les épaules qui s'approchent, les mains qui bougent sans savoir. C'est tout.

Le baiser a duré deux ou trois minutes. Bien sûr, je n'ai pas mesuré, mais je me souviens d'avoir trouvé ça long.

C'est toujours long quand on n'ose pas imaginer ce qu'on voudrait faire.

Quand nous nous sommes écartés l'un de l'autre, j'ai cherché quelque chose de malin à dire.

Elle m'a regardé en souriant.

Pour la première fois, j'ai remarqué la mer qui faisait comme un drap froissé et les étoiles qui piquaient le ciel.

Machinalement, elle a pris ma main, l'a glissée sous son pull et l'a posée sur son sein gauche.

Elle enserrait mes doigts entre ses doigts et déplaçait ma main avec la sienne.

J'ai senti un tissu souple, un relief de fils et de dentelles, un arc d'acier gainé, une broderie ajourée, une perle, une autre perle, un ruban, un nœud de satin qui bordait un frisson de chair.

Elle me demanda :

- *Tu sens mon cœur ?*

Je sentais surtout le mien.

Je ne sais plus ce que j'ai répondu. Je ne suis pas sûr d'avoir répondu quelque chose. Je ne suis pas sûr qu'elle attendait une réponse.

Elle caressait ma main.

Je sentais la pression de ses doigts sur mes doigts, de mes doigts sur son sein, la maille ronde, la corbeille gonflée et souple. D'un mouvement appuyé et lent, elle poussait ma main sur sa peau, l'humidité, la fraicheur, la chaleur. Du bout des doigts, j'ai senti la douceur, la moiteur.

Elle quitta ma main un moment pour passer la sienne dans son dos, jusqu'à l'agrafe de son soutien-gorge. Je dis ça maintenant, mais je ne l'ai compris que lorsque, d'un coup, le tissu a lâché et que mon souffle s'est arrêté.

Comme pour respirer, je l'ai embrassée.

Ma main s'est emplie d'une chair fraîche comme une soie, chaude comme le pli d'un fruit.

Ce contact a marqué ma main.

Plus de cinquante ans après, la cicatrice y est toujours. En la posant sur mes lèvres, je ressens encore ce baiser, le premier vrai baiser de ma vie, un goût de peur, de honte et de plaisir.

Le quartz ?

Ah, oui, le quartz !

Un peu plus tard, quand nous nous sommes étendus sur le sable, le monde a tremblé.

24 sous le muid

« Nous allons mendier notre pain
C'est dur d'aller (nous refroidir) aux portes.
Mais hélas ! lorsque l'on a faim
Il faut manger, coûte que coûte,
Sur la grand'route. »
Gaston Couté - Sur la grand'route, 1896 env.

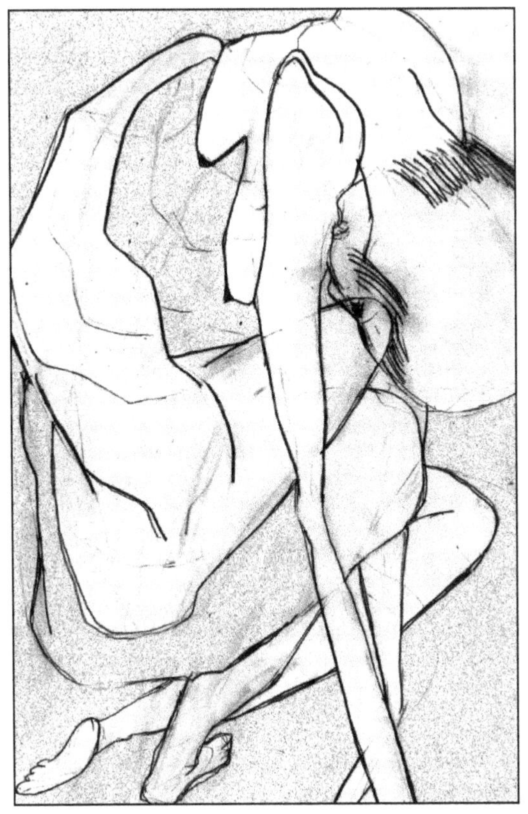

J'étais désœuvré, je ne savais pas quoi faire, je n'avais nulle part où aller.

Je me suis retrouvé dans les coulisses d'un libraire de mon quartier.

Je piochais dans les étagères, je retournais les piles, je picorais dans les pages… De temps en temps, je cherchais le prix, histoire de faire patienter le bouquiniste qui ne me lâchait pas des yeux, intrigué de savoir si j'étais un amateur ou un fumiste.

Attiré par une couverture de cuir, j'avais ouvert machinalement un livre recouvert de poussière.

A la seule lecture de la page de garde, « *Collection des mémoires relatifs à l'histoire de France* », de M. GUIZOT, 1824, j'ai pensé « *ouvrage académique, quelle horreur !*» et, s'il n'y avait eu le regard noir du vendeur, j'aurais reposé l'ouvrage aussitôt. Mais je me sentais pris au piège, j'ai pris mon air de connaisseur et je me suis forcé à tourner quelques pages.

Divine surprise !

Je suis tombé sur ce passage :

« *Dans le mois de novembre de la même année, le Ier de décembre, à trois heures, il y eut une troisième éclipse de soleil dans la vingt-huitième lune ; [...] plusieurs prodiges effrayans parurent alors dans le ciel pour ramener les hommes de leur iniquité à une vie meilleure par la voie de la pénitence. Plusieurs des productions de la terre manquèrent cette année, et surtout le vin qui devint si cher, qu'il coûtait jusqu'à vingt-quatre sous le muids.* »

J'ai souri : que les productions de la terre viennent à manquer, passe encore, mais que le prix du vin soit prohibitif, voilà qui devait être affreux ! L'auteur devait être un bon vivant.

J'ai voulu en savoir plus et quelques pages en amont ont vite satisfait ma curiosité.

Le texte était la traduction française d'un manuscrit latin de 1047, écrit par un moine, Rodolphus Graber (c'est-à-dire *Rodolphe le Chauve*). Ses parents l'avaient enfermé dans les ordres à cause de ses « *penchants licencieux et ses dérèglements* ».

Je m'en doutais : c'était un joyeux lascar !

Après avoir été chassé de monastère en monastère tant il s'y montrait indocile, il s'était assagi et avait décidé de raconter les événements de son temps, « *en mêlant la métaphysique à l'histoire, la poésie à la prose, interrompant sa narration pour se livrer à de subtiles dissertations, à de bizarres hypothèses sur quelques phénomènes naturels venus à sa connaissance, trahissant à chaque pas l'impossibilité de s'assujettir à une marche régulière, et la stérile mais inquiète activité de son imagination.* »
Il ne m'en fallait pas plus : le bougre m'était devenu sympathique. J'ai refermé l'ouvrage, payé le prix sans marchander et emporté ma découverte avec la certitude de passer un bon moment !

Les mots « *vingt-quatre sous le muid* » m'intriguaient. Arrivé chez moi, j'ai commencé par ça.
Une petite recherche sur Internet m'a appris qu'au début du XIe siècle, du moins les bonnes années, il suffisait d'un sou pour s'offrir un mouton ! C'est dire que 24 sous pour un muid de vin (un petit tonneau) représentent une fortune !
Ah, les ivrognes ne devaient pas rigoler tous les jours !
Sacré Rodolphe !

Je me suis installé dans mon fauteuil, position jours de pluie, et j'ai lu.
C'est plus tard que j'ai alors compris pourquoi le vin avait une telle importance.
En lisant ce passage :
« *... la mémoire se refuse à rappeler toutes les horreurs de cette déplorable époque. Hélas ! Devons-nous le croire ? Les fureurs de la faim renouvelèrent ces exemples d'atrocité si rares dans l'histoire, et les hommes dévorèrent la chair des hommes. Le voyageur, assailli sur la route, succombait sous les coups de ses agresseurs ; ses membres étaient déchirés, grillés au feu, et dévorés. D'autres, fuyant leur pays pour fuir aussi la famine, recevaient l'hospitalité sur les chemins, et leurs hôtes les égorgeaient la nuit pour en faire leur nourriture. Quelques autres présentaient à des enfants un œuf ou une pomme, pour les attirer à l'écart, et ils les immolaient à leur faim. Les cadavres furent déterrés en beaucoup d'endroits pour servir à ces tristes repas.*

Enfin ce délire, ou plutôt cette rage, s'accrut d'une manière si effrayante, que les animaux mêmes étaient plus sûrs que l'homme d'échapper aux mains des ravisseurs, car il semblait que ce fût un usage désormais consacré, que de se nourrir de chair humaine... »

Pauvre Rodolphe !

500 000 façons

Pierre de Ronsard - Maîtresse, embrasse-moi
Sonnets pour Hélène, 1578

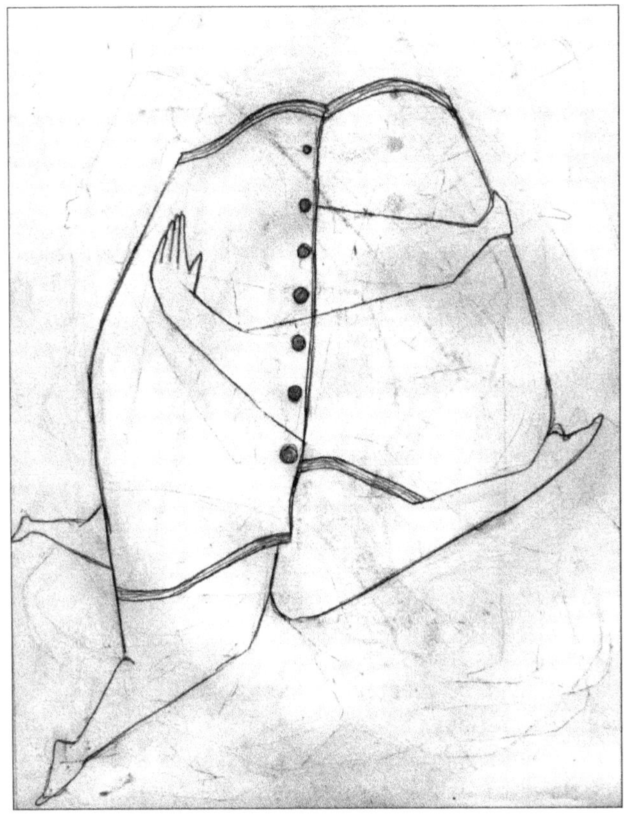

On estime à près de 6 800 le nombre de langues actuellement parlées dans le monde.

Voici, selon un spécialiste de mes relations, les vingt-cinq premières langues les plus parlées. Elles totalisent près d'un quart de ce que ce racontent les habitants de la planète :

chinois mandarin, espagnol, anglais, arabe, hindi, bengali, portugais, russe, japonais, allemand, javanais, chinois wu, télougou, vietnamien, marathi, français, coréen, tamoul, pendjabi de l'Ouest, italien, ourdou, turc, gujarati, polonais et malais.

Je les cite pour inviter quelques bavards à la modestie, puisque la plus grande partie de la planète ne les comprend pas.

Par ailleurs, le nombre de synonymes proches du mot *aimer*, en français, est, selon d'autres sources autorisées, de 56.

Là, c'est par plaisir que je les citerai tous :

admirer, adorer, affectionner, apprécier, avoir à la bonne, avoir besoin de, avoir dans la peau, avoir du goût pour, avoir envie, avoir le béguin, avoir le coup de foudre, avoir un coup de cœur, brûler pour, chérir, demander, désirer, en pincer pour, estimer, être amateur, être amoureux, être attaché à, être coiffé de, être épris, être féru de, être fou de, être porté sur, faire cas, gober, goûter, idolâtrer, mordre, pincer, porter dans son cœur, préférer, prendre plaisir, raffoler, réclamer, roucouler, s'amouracher, s'attacher, s'embéguiner, s'embraser, s'émouvoir, s'enamourer, s'enflammer, s'enticher, s'éprendre, intéresser, se complaire, se passionner, se plaire, se toquer, tenir à, tomber amoureux, vénérer, vouloir.

Pour éviter toute discussion, j'ajoute les synonymes indirects (synonymes de synonymes) pas trop éloignés.

Par exemple, pour s'*enticher*, on retiendra : *s'emballer, s'emberlucoquer, s'engouer, s'entêter et s'éprendre.*

Inutile de faire le détail, on risquerait de provoquer des débats oiseux : comptons 50 mots de plus.

Il ne faut pas oublier diverses variantes, ainsi que nombre d'expressions populaires ou argotiques : *avoir à la bonne, être dingo (ou être chipé, frappé, givré, timbré, foldingue…), avoir dans le sang, flipper, être morgane, goder, bander, mouiller, s'enganter, kiffer, s'entiffer, avoir l'emplatte…* Disons 100 mots de plus, pas plus si on veut rester correct.

Il faut aussi compter les mots d'autrefois qui servent encore dans les coins reculés, les mots réservés à certaines pratiques originales, les mots spécialisés relevant de catégories socioprofessionnelles peu représentées, les mots des poètes ou des enfants (souvent les mêmes), les mots qu'on ne saurait dire ou ceux qu'on invente dans certaines situations…
Autant ne pas lésiner : une grosse centaine ne parait pas idiot, mais ça évolue tous les jours, disons 200.
Pour l'ensemble, il vaut mieux compter une bonne marge d'incertitude, ça se discute évidemment, topons à 20 %.

On peut donc dire, sans se tromper de beaucoup, que le nombre de mots pour dire *aimer* en français est :

$$(56 + 50 + 100 + 200) \times 1{,}20$$

Soit environ 500.

Bien sûr, sur les 6 800 langues de la planète, toutes n'ont pas cette richesse.
Dans certaines langues, plus pragmatiques, la plupart des mots n'ont pas besoin de se dire puisqu'ils se font, mais il n'y aucune raison de penser que le Français est le seul à avoir cette extravagance littéraire. Sans pécher par orgueil ou humilité excessive, on peut penser que sur les 6800 langues en activité ici-bas un millier fait aussi bien que le français.

Ce qui nous amène (1000 langues et 500 mots par langue) à 500 000 !

Il y a donc sur la planète au moins 500 000 façons d'agiter les lèvres et de bouger les cordes vocales pour dire *je t'aime*.
Il est donc tout à fait logique qu'on ait du mal à se comprendre.

4 pannes

« Que désormais le ciel, les enfers et la terre
Unissent leurs fureurs à nous faire la guerre ;
Que les hommes, les Dieux, les démons et le sort425
Préparent contre nous un général effort ! »
Pierre Corneille – Horace, 1640

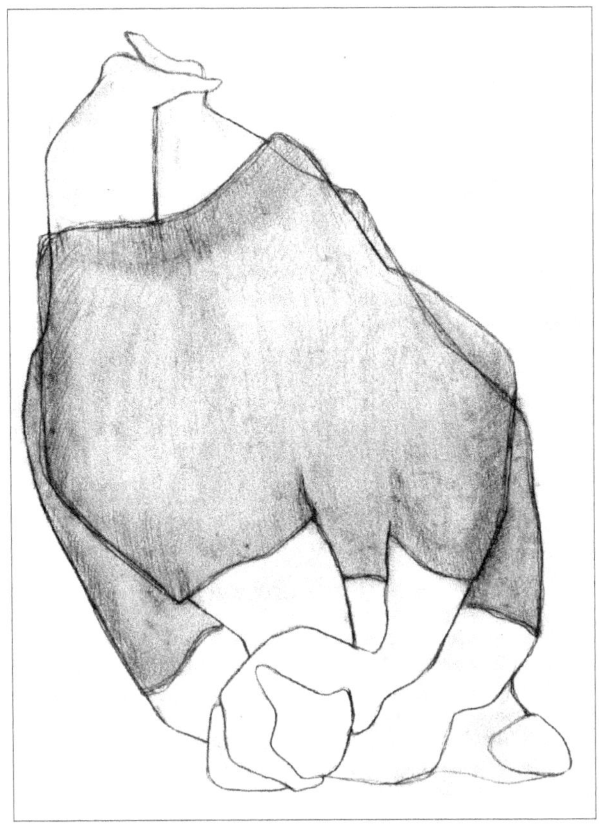

Il y a trois pannes que tout homme redoute quand il s'agit de femme: la panne de stylo, s'il doit noter ses coordonnées, la panne d'essence, s'il lui a donné rendez-vous, et la panne de courant, si elle habite au dernier étage.

A dire vrai, il en existe une autre… En tout cas, trois ou quatre, il est rare que toutes se produisent dans la même circonstance. Quoique…

Je me souviens d'un symposium, voyage et séjour à Rio, tous frais payés dans un des plus beaux hôtels de Copacabana, contre un petit discours qu'on me demandait de prononcer : je n'ai pas résisté à ces petites vacances exotiques déguisées en rencontres scientifiques.

Passons sur les images, les lumières, les couleurs… Formidables.

Les travaux du matin étaient terminés. Nous en étions au cocktail, servi sur le toit de l'hôtel, au dessus de la salle de conférences.

Le soleil harassait la ville. Je m'étais réfugié au bar, sous un parasol, attendant qu'on remplît mon verre, quand une main se posa sur mon bras.

Une voix venait caresser mon oreille :

- *Professeur, Professeur… Remarquable, votre intervention était.*

J'ai reconnu un accent russe et, comme je sais dire *Merci* en cyrillique, j'ai trouvé malin de me retourner en le montrant :

- *Bolshoe spasibo.*

J'ai cru un moment que le soleil avait enflammé le parasol.

Comment dire ?

Une fée !

Je n'ai pas vu les ailes mais, à coup sûr, elle devait planer au dessus du sol pour amener si habilement son regard au-dedans du mien.

Elle parlait. Mon air stupide l'arrêta. Elle a cru que je ne comprenais pas. En fait, je ne comprenais pas.

- *Je croyais que vous parler po russki !*

Je parvins à me ressaisir :

- *Non, non, quelques mots, pas plus !*

Elle reprit, le temps nécessaire pour me permettre de retrouver mon sang-froid.

Natacha, elle s'appelait Natacha, était journaliste. Elle représentait un groupe de presse de Moscou pour lequel elle couvrait le symposium. Elle connaissait mes travaux, avait écrit plusieurs articles à mon sujet…

J'étais porté par ses paroles. Je ne sais plus les miennes. Je me souviens qu'une fois ou deux elle m'a appelé Michka, j'ai rougi, j'ai dit Natachka, elle a ri.

Le temps a passé.

Natacha regarda sa montre :

- *Mon dieu ! Mon Dieu ! Mon Dieu ! Je suis très tard !*

Elle comprit à mon regard de chien abandonné ce que je n'arrivais pas à dire.

- *Niet, niet*, dit-elle, *je pas pouvoir. Travail ! Travail !*

Elle m'expliqua qu'elle avait plusieurs rendez-vous importants, il était question d'interview, de reportage, d'échanges culturels, de personnages officiels… Une foule de choses impossibles à éviter.

Déjà, elle marchait. Déjà, nous étions dans l'ascenseur.

J'ai trouvé la force de lui demander :

- *Nous pouvons peut-être dîner ensemble ce soir ?*

Elle hésita d'un petit sourire puis, rougissant un peu :

- *Da ! Michka ! Venez chez moi. Bon restaurant à côté. 9h00, pas avant. Trop travail !*

- *D'accord ! Mais où ?*

- *Appartement prêté par correspondant local.*

- *Je prendrai un taxi, dites-moi où !*

Elle prit le carnet et le stylo que je lui tendais. Elle parlait en écrivant :

- *Avenida… Cachoeiras de Macacu… numéro 6… 80… 0… 9… Pas marcher !*

- *Quoi, pas marcher ?*

- *Stylo, pas marcher !*

J'essayai à mon tour. Une encre pâlichonne bavait de temps en temps.

Elle continua :

- *Code 8908, septième étage, porte… 7… 2…, en face ascenseur.*

Mon stylo creusait le papier. L'ascenseur s'arrêta, la porte s'ouvrit.

- *Moi très retard !*

- *Ça ne fait rien, je m'en souviendrai, 8908, septième étage, en face de l'ascenseur.*

Ma fée s'était envolée. J'avais tout gravé dans mon carnet et, mieux encore, dans mon cœur.

J'ai rarement vécu après-midi aussi long.

Le taxi que j'avais commandé pour huit heures était à peine arrêté que je tendais déjà mon carnet au chauffeur. Il hocha la tête et démarra comme une fusée. Pendant dix minutes, il fut probablement le véhicule le plus rapide de Rio.
Jusqu'à un embouteillage effrayant.
Interminable.
Le sang dans mes tempes comptait les secondes en même temps que la pendule digitale du tableau de bord... Elle marquait 20:30:00 au moment précis où le moteur s'arrêta.
Le chauffeur éclata. Je ne sais rien au portugais mais, dans son galimatias invraisemblable, j'ai quand même compris *insuficiencia de gas* sans difficulté.
Je passe sur les concerts de klaxons, les imprécations du chauffeur, le sentiment de solitude qui m'a envahi... pour en venir au *ouf* de soulagement que j'ai poussé en m'engouffrant dans un autre taxi, quelques minutes plus tard, non sans avoir vérifié sa jauge d'essence.
L'icône, le crucifix et le saint-Christophe suspendus au rétroviseur nous portèrent chance : le taxi s'arrêta à neuf heures tapantes au pied de l'immeuble de Natacha !
J'avais repris confiance. Le ciment sale et gris des immeubles me semblait embelli par l'air de fête de la ville.
Erreur d'appréciation : les bougies et les torches qui vibraient autour de moi n'avaient pour seule raison que la panne de courant qui frappait le quartier !
A aucun moment je n'ai pensé à la malédiction qui, de panne en panne, semblait me poursuivre. Je n'avais que Natacha en tête et j'avais rajeuni de vingt ans.

Je n'ai pas eu besoin du code d'accès à l'immeuble : une grosse dame tenait la porte. Elle me montra l'escalier en me gratifiant d'un sourire colorié de vert par les petites loupiottes de sécurité qui éclairaient le hall.

Sept étages à pied, c'est long, mais en arrivant je ne savais toujours pas quels seraient mes premiers mots pour Natacha.

Devant la porte, mon cœur s'est emballé.

Une petite veilleuse au plafond m'a permis de voir la sonnette.

J'ai inspiré. J'ai expiré. Plus ou moins calmement. J'ai essuyé la sueur qui perlait à mon front.

Un moment.

Encore un.

J'étais prêt, j'ai soufflé une dernière fois et j'ai pressé le bouton.

Rien.

Étais-je bête ! Il n'y avait pas de courant !

J'ai repris mon élan.

Une fois. Deux fois. Et j'ai toqué à la porte.

Un bruit, la porte s'est ouverte, j'étais sûr que ma fée allait faire la lumière.

- Heu...

Je n'ai pas été plus loin, elle avait déjà posé ses lèvres sur les miennes, m'avait entouré de ses bras et enivré de son parfum. J'ai pensé à la passion slave. Non, je crois que je n'ai pas pensé. Je ne pouvais pas penser.

Elle m'a pris la main et, sans un mot, m'a guidé dans l'appartement.

Une lueur passait par la fenêtre.

Quand elle s'est arrêtée, j'ai vu dans ses prunelles exploser deux petites flammèches rouges et nous nous sommes écroulés sur un lit.

Panne ? La quatrième ?

Pas du tout ! Au contraire.

Ce fut un moment extraordinaire, fait de mille et une étreintes. Il n'en est pas une dont je me croyais capable. Aucun mot, des râles, des gémissements, des cris.

Simplement le plaisir, fort, violent, doux, long, lent, lent, fort.

Nous n'avions pas encore repris notre souffle quand, d'un coup, la lumière est revenue.

J'ai levé la tête en écarquillant les yeux.

Elle a crié !

J'ai failli m'évanouir ! Ce n'était pas Natacha !

Instinctivement, elle avait remonté ses genoux sur elle et serrait sur sa poitrine un coin de drap ridicule. Elle tremblait de frayeur.
Et moi ?
De peur, j'étais tombé du lit ! Je me tenais accroupi et me cachais, tant bien que mal, derrière un oreiller.

Qu'est-ce que la pudeur ?
Qu'est-ce que la nudité des corps en comparaison de celle du cœur ?
Cette femme et moi avions échangé des baisers, des étreintes, des caresses, incroyables, inoubliables, nous avions tout appris l'un de l'autre, partagé nos odeurs, nos sueurs, nos chaleurs, nous avions tout osé, tout rêvé, nos sens nous connaissaient mieux que nous-mêmes… Pourtant, à cet instant, nous découvrant nus l'un à l'autre, nous étions devenus étrangers, effrayés, terrorisés, par l'autre autant que par nous mêmes, puérils, honteux, misérables dans notre chair et notre esprit !

Je bégayais en attrapant mes vêtements :
- *Je ne comprends pas, no comprendo, i don't understand !*
Elle hoquetait quelque chose pendant que je bafouillais, en essayant de m'habiller aussi vite que possible.
Elle comprit le mot *Natacha* que j'avais prononcé pour ma défense :
- *Natacha… Natacha ! O apartamento próximo !*
L'appartement d'à côté !

Petit à petit, nous avons retrouvé notre calme.
En nous quittant - bons amis - nous avons échangé un baiser sur les joues et un autre sur une moitié de lèvres.

J'ai compris ma méprise sur le palier. Trois portes étaient en face de l'ascenseur et j'avais cru logique de choisir celle du centre !
J'ai sursauté en entendant l'ascenseur.
Natacha !
- *Dieu ! Vous avez attendu moi ! Vous si gentil ! Coupure courant terrible ! Vous si gentil !*
- *Heu…*
Sa bouche sur ma bouche m'empêcha d'en dire plus…

C'est là, un peu plus tard, qu'a eu lieu la quatrième panne dont je n'ai pas parlé. Natacha fut touchée, tout simplement, et me fit promettre de revenir le lendemain.
Une fée, vous ai-je dit !

Le lendemain, aucun embouteillage n'a ralenti le taxi.
Il s'est même arrêté une demi-heure en avance, mais… devant un épicier !
J'avais pourtant utilisé le même carnet, l'adresse était la bonne, mais, visiblement, ce n'était pas celle qu'avait su lire mon taxi de la veille !
J'ai analysé soigneusement l'écriture de Natacha, j'ai remplacé un 0 par un 9, un 8 par un 0, nous avons repris lentement l'avenue, plusieurs fois. Pour rien. Tous les bâtiments gris et sales se ressemblaient.
La fête était finie.
Je n'ai jamais revu Natacha.
Le jour se levait quand je me suis écroulé dans mon lit.

Depuis ce jour, j'ai toujours deux stylos sur moi.

2 500 kilocalories

Paul Verlaine - Le soleil du matin doucement chauffe et dore
La Bonne Chanson, 1870

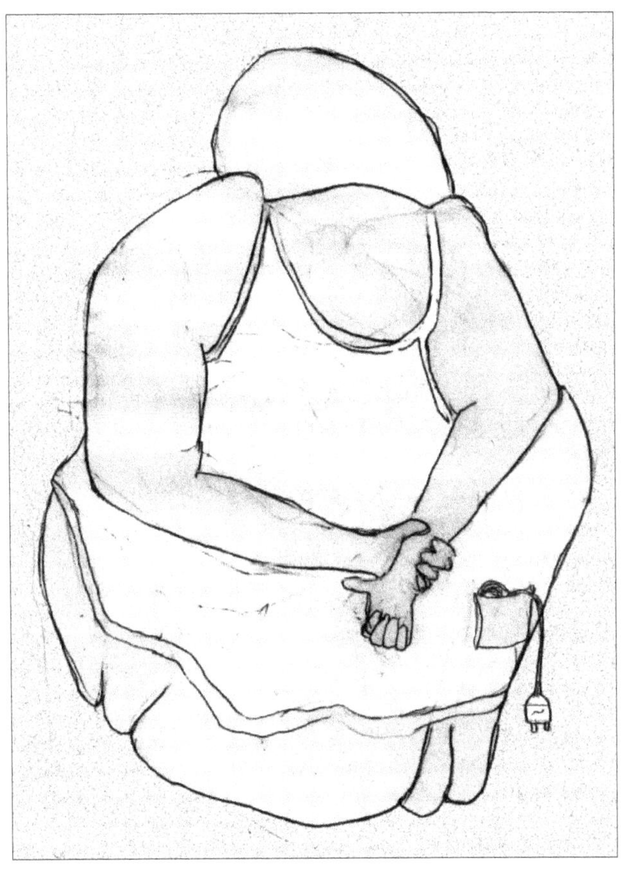

Ah, la nature !

Un arc-en-ciel, un coucher de soleil, un cerisier en fleurs, un carré d'herbe, une nuit étoilée… oui, la nature nous offre de pures merveilles, je ne prétendrai pas le contraire, mais songez à la douleur, la fatigue, les microbes, les maladies, le froid, la faim, la soif et à toutes ces calamités qui emplissent nos yeux de larmes, et vous admettrez que cette belle et grande nature est aussi notre pire ennemie !

Heureusement, avec le temps, l'homme a marqué des points. Il a inventé la pasteurisation, les pesticides, les engrais, les hormones, les manipulations génétiques... Il réussira tôt ou tard à domestiquer les virus, à prévenir les tremblements de terre, à capuchonner les volcans, à calmer les océans, à réguler le chaud et le froid… mais tant qu'il sera obligé de suer sang et eau pour remplir son assiette, la nature se foutra de lui.

Elle nous tient par le ventre ! La garce !

Faut-il désespérer ?

L'homme est-il condamné, pour les siècles des siècles à venir, à gagner son pain à la sueur de son front, voire à celui de son prochain, au seul prétexte que la nature n'a pas été conçue pour lui faciliter la tâche ?

Contrairement à la plupart des philosophes qui désespèrent de l'avenir, je suis optimiste ! Et voici pourquoi.

Il faut savoir que le métabolisme de base journalier d'un adulte moyen (dont la surface corporelle est de $1,73\text{m}^2$) requiert 1 540 kilocalories.

C'est la ration de base. Elle suffit pour faire fonctionner au ralenti son cœur, ses poumons, son foie, sa rate, ses reins et, un peu, son cerveau.

C'est quand même l'essentiel.

Mais dès qu'il lève le petit doigt, il frôle la limite. Une petite promenade et c'est 2 kilocalories par minute, et encore ! à condition que ce soit en terrain plat et en bonne compagnie, sinon le compteur explose.

Des études très précises ont démontré qu'un employé de bureau heureux, qui ne court pas le matin pour attraper son train, a besoin de 2 500 kilocalories par jour pour rester dans un état de fonctionnement normal.

Mais il ne doit pas faire d'extra et se coucher tôt.

Seul de préférence.

Restons-en à 2 500 kilocalories, c'est une saine moyenne.

Voilà ce que doivent lui apporter tous les jours un petit déjeuner, un déjeuner et un diner standards.

En 2016, il est difficile, en tout cas dans ma banlieue, d'y parvenir pour moins de 30 euros tout compris.

Café, tartines-beurre le matin ; omelette-frittes, crème brûlée le midi ; nouilles, saucisse-fayots, camembert et tiramisu le soir : l'addition grimpe vite.

Et encore, c'est en faisant ses courses et sa popote soi-même.

Bien sûr, j'ai compté une juste quote-part de tout ce qui va avec : le sel, le poivre, la moutarde, l'eau, le gaz, l'électricité, les assurances, le renouvellement des petits équipements, les dotations aux amortissements, les pertes exceptionnelles, les frais de carte bleue, les impôts locaux et les impôts directs, tout en restant raisonnable : je n'ai pas ajouté les contraventions (pourtant il faut bien se garer).

En passant, je m'aperçois que j'ai oublié les produits de nettoyage.

En contrepartie, j'avoue avoir prévu de quoi m'offrir de temps en temps un vin rouge correct : d'un point de vue thermodynamique aussi, les petites joies font passer les grandes peines.

Donc, comptons 30 euros par jour.

Or, on ne le sait pas forcément, une kilocalorie représente 1,163 wattheure.

Moi-même, je l'oublie fréquemment.

Les 2 500 kilocalories que je viens d'évoquer équivalent donc à 1,163 x 2 500 = 2 907,5 wattheures.

Soit environ 3 kilowattheures.

Si vous consultez votre facture d'électricité, vous constaterez que le prix du kilowattheure, toujours en 2016, est environ de 15 cents d'euro T.T.C.

Trois kilowattheures coûtent donc 3 x 15 = 45 cents.

Je sais qu'il faut ajouter le montant de l'abonnement, ceux de la contribution au service public d'électricité, de la taxe sur la consommation finale d'électricité, de la contribution tarifaire

d'acheminement... et que d'autres participations citoyennes sont à l'étude, comme celles pour le renouvellement des centrales usagées, le nettoyage de l'air pollué, la modernisation des poubelles, la recherche et le développement de taxes nouvelles...
Autant tout prévoir, n'hésitons pas : doublons et arrondissons !
Disons 1 euro, mais c'est un grand maximum.

Résumons.
D'un côté, solution (plus ou moins) biologique, prix : 30 euros ; de l'autre, solution électrique : prix : 1 euro.

Le sens du profit étant le propre de l'homme, on peut, à l'analyse de ces chiffres, être sûr qu'un jour ou l'autre, l'homme trouvera le moyen de s'alimenter directement à la prise de courant. Les investisseurs, étant plus malins que les papillons de nuit (ils vont vers la lumière avant qu'on n'allume les lampadaires), verront, en moins de temps qu'il ne leur faudra pour finir cette phrase, le bénéfice qu'ils pourront tirer. Même s'ils doivent, pour convaincre le consommateur, inclure sans surcoût dans son abonnement la version traditionnelle de la crème brulée ou du tiramisu.

On m'objectera que, pour nourrir électriquement 100 milliards d'individus, il faudra augmenter la production d'électricité en conséquence. (Je sais bien que la population mondiale est aujourd'hui de 7 milliards d'humains mais, d'ici que tout soit au point, il vaut mieux prévoir large, d'où mes 100 milliards.)
Le compte est facile à faire :
        100 milliards x 3 kilowattheure= 300 térawattheures.
Ne cherchez pas, c'est une broutille : la production annuelle actuelle mondiale est 100 fois plus importante !
Et le calcul ne prend pas en compte les économies que le procédé permettra de réaliser.

Je ne vois pas d'autre objection.
Par contre, j'imagine très bien les multiples avantages qu'apportera cette innovation : fin de la faim dans le monde, fin des élevages et des abattoirs abominables, fin des cultures intensives, fin des pesticides, fin de la fin des abeilles, fin des

courses le samedi, fin des appareils électroménagers qui tombent en panne le dimanche, fin des vendeurs de saucisses, …
Et tout ça pour le prix d'un adaptateur qu'on installera sur une prise de courant.
Formidable !

Est-ce la fin des petits restaurateurs ? Pas nécessairement. Les plus malins sauront innover : courants électriques de qualité, fauteuils de relaxation, spectacles son et lumière, hôtesses robotisées et d'autres merveilles, difficiles à imaginer aujourd'hui mais que le progrès technologique ne manquera pas de nous apporter.

Oui, le jour approche où l'homme aura enfin remis la nature à sa juste place : celle des jolis paysages.

7 milliards

« Il rend le bien ridicule
Et le vieillard inexpert.
L'Enfer brûle, brûle, brûle.
Chez le prêtre et l'incrédule
Dont il veut l'âme et la chair,
Le Diable rôde et circule. »

Maurice Rollinat - Villanelle du Diable / Les névroses, 1883

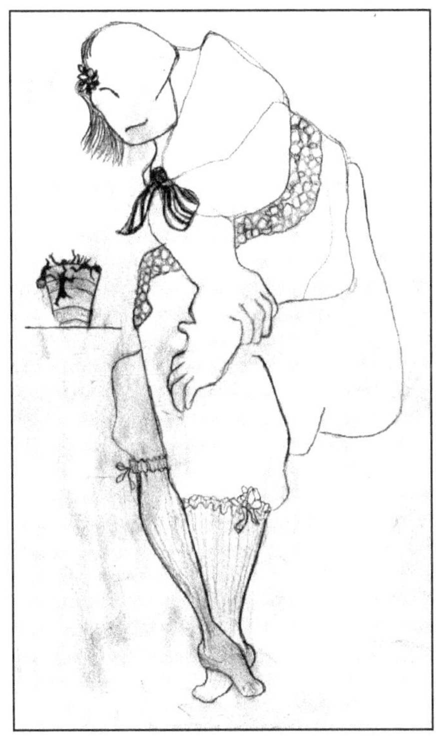

Tous les démographes sont à peu près d'accord : il y a aujourd'hui sept milliards d'êtres humains sur la planète.

Le nombre est approximatif pour la simple et bonne raison que toutes les maternités ne sont pas encore reliées à Internet, et encore moins les cimetières.

De toute façon, il y a tant d'endroits où l'on nait et où l'on meurt, et qui ne sont reliés à rien du tout, qu'il serait inutile de connecter les seuls lieux officiels.

Donc, sept milliards.

Beaucoup se disent *c'c'est immense, c'est affreux, c'est trop, jamais on arrivera à se supporter, la planète n'en peut plus, elle expire, c'est la fin du monde,* et ils préfèrent qu'on leur parle d'autre chose.

Il y a pourtant de la marge.

Il suffit d'aligner les chiffres calmement.

Sept milliards, donc.

Supposons que le poids moyen d'un être humain soit de 60 kg.

Oui, c'est faible, mais il n'y a pas que des américains et il y a beaucoup d'enfants.

Multiplié par 7 milliards, ça représente (faites-moi confiance) une masse totale de 420 millions de tonnes.

Sachant que la masse volumique du corps humain est environ 1 (les spécialistes confirmeront), on peut estimer à 420 millions de mètres cubes le volume total de la barbaque humaine (après déshabillage complet et avant décomposition, évidemment).

On sait que l'ensemble des terres émergées de notre planète représente 149 millions de km^2. Une petite division, 420 sur 149, donne à peine 3 m^3 par kilomètre carré !

Ce qui signifie qu'il faudrait se contenter d'une épaisseur de quelques millièmes de millimètre pour recouvrir de façon uniforme pôles et continents.

Quelques millièmes de millimètre !

Que dirait-on d'une tartine avec si peu de confiture ?

Et encore, ce serait à grand peine : les professionnels de l'épandage aérien - procédé habituellement retenu pour des travaux de cette sorte - savent l'importance des aléas météo, vents et pluies, qui lessivent la zone avant même que le travail ne soit terminé.

On me dira qu'il existe d'autres procédés pour ventiler de part le monde un produit calibré de ce type.

En fait, rien n'est moins sûr, en tout cas dans l'état actuel des connaissances, si on veut éviter de gâcher la marchandise tout en minimisant la durée de l'opération (faute de quoi le produit perdrait de sa fraîcheur).

Autre problème difficile à résoudre : la coordination internationale du projet, ne serait-ce que la direction opérationnelle de la flotte (considérable) qu'il sera nécessaire de mobiliser. Des projets de cette dimension ont toujours éveillé les jalousies, titillé les susceptibilités. On sait la résistance des chauvinismes.

Il y a aussi la question de la protection de l'environnement. Que le produit soit naturel ou pas (car le point est contesté) ne changera rien : sa dispersion à une telle échelle inquiètera inévitablement l'opinion publique.

On se doute que le marketing et la communication joueront un rôle primordial. Plusieurs campagnes devront être lancées longtemps à l'avance et les médias sérieusement mobilisés : il en est toujours (de moins en moins heureusement) qui ont du mal à comprendre ce qu'est une politique éditoriale.

En comparaison, la question du financement, pourtant titanesque, est, selon le terme consacré dans les forums économiques, de la « *gnognotte* » (il suffira d'intéresser quelques décideurs bien placés).

On voit bien où sont les difficultés.

A moins que le Diable ne s'en mêle.

Il est vrai que le bougre a un pouvoir considérable.

L'entreprise est largement à sa portée mais, sa discrétion le prouve, il aime être servi. Il attend, il observe, il écoute, il sait que, le moment venu, il pourra compter sur une armée de volontaires motivés.

Pour preuve, le grand nombre de petits entrepreneurs qui, de tous temps, se pressent pour lui donner un coup de main !

Même si la plupart a toujours manqué d'application.

Mais, qu'on se rassure, la population mondiale est encore trop faible – quelques millièmes de millimètre, on l'a vu - pour que le Diable juge utile à court terme d'instiller un peu de méthode dans l'esprit de l'homme.

Or, c'est un gourmet et il a tout son temps.

Alors, pourquoi se contenterait-il d'une boulette de terre aussi peu épicée ?

953 434 espèces

« Car c'est de l'homme qu'il s'agit, et de son renouement.
Quelqu'un au monde n'élèvera-t-il la voix ? Témoignage pour
l'homme…
Que le Poète se fasse entendre, et qu'il dirige le jugement ! »
Saint-John Perse - chant 4 / Vents, 1946

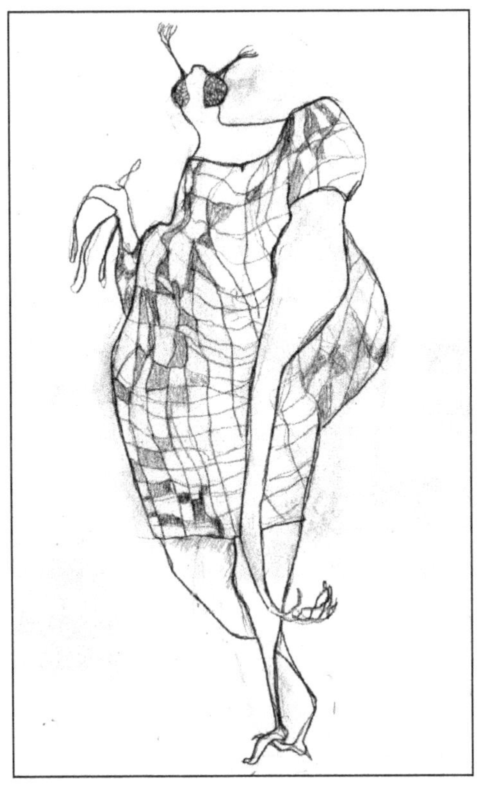

Ceux qui ne dormaient pas au lycée pendant les cours de biologie savent que les rhododendrons font partie du règne végétal et que nous autres, les hommes, appartenons au règne animal.

J'imagine que personne ne remet cela en cause.

Par contre, de plus en plus de philosophes contestent l'utilisation du mot *règne*, ainsi que celle du mot *empire* que certains farfelus, heureusement très minoritaires, emploient au tout début de la classification biologique pour se faire remarquer.

Cette terminologie royaliste, voire napoléonienne, date d'une époque à laquelle on n'imaginait pas meilleur système politique que celui d'un pouvoir cautionné par la volonté divine ou la puissance militaire.

Lequel système nous attribuait sans vergogne la place du roi (ou plutôt celle du dictateur).

Mais le temps des despotes est révolu.

Aujourd'hui, l'homme sage traque toutes les injustices, y compris celles que véhiculent les mots obsolètes.

Pour ce qui est du mot *empire*, il disparaîtra de lui même : personne, sauf dans les films de science-fiction, ne continue à l'utiliser.

Par contre le mot *règne*, saupoudré, endentelé, engoncé dans sa chemise aristocratique, est encore largement répandu.

Il est temps que cela cesse.

Si !

C'est en s'attaquant aux mots qu'on fait les grandes révolutions.

Supprimons le mot *règne !*

Et choisissons équitablement son successeur.

Procédons par ordre.

Côté animal, les scientifiques auront décrit fin 2011 neuf cent cinquante trois mille quatre cent trente quatre (953 434) espèces animales.

Je n'ai pas de statistique plus récente. Aucune importance : on se doute que ça progresse tous les jours. Selon les estimations, près de dix fois plus restent à découvrir.

Cependant, malgré leur quantité, on pourra ignorer ces populations inconnues sans craindre de représailles : la plupart sont tellement immatures, tellement solitaires et vivent dans des endroits tellement reculés qu'il serait inutile de leur offrir un droit de représentation particulier.

Elles ne sauraient quoi en faire.

Occupons-nous donc des autres.

Si on s'en tient au critère du nombre d'espèces ou du nombre d'individus, le groupe animal le plus représenté est incontestablement celui des *arthropodes*, un nom bien compliqué pour désigner les bestioles, petites, souvent visqueuses, noires et poilues, qu'on n'aime pas croiser dans son lit ou sur la plage, comme les insectes, les araignées ou les crabes.

Qu'on y songe : plus de 80 % des espèces animales sont des arthropodes !

Quant au nombre d'individus, les derniers recensements les évaluent à plusieurs millions de milliards de fois plus nombreux que la population humaine !

On ne peut donc les ignorer quand il s'agit de mettre à jour notre vocabulaire.

On est naturellement conduit à la famille dominante, celle des insectes.

Parmi les insectes, nous favoriserons, pour rendre hommage à leur esprit de groupe, les insectes sociaux, c'est dire les fourmis, les abeilles, les guêpes et les termites.

La liste des dénominations possibles est vite faite : s'y appliquent les termes de *colonie*, de *société*, de *fourmilière*, de *ruche* et de *termitière*.

On écartera les désignations, pourtant génériques, de *colonie* ou de *société*.

Le premier, *colonie*, parce qu'il a mauvaise presse depuis les années 50.

Le second, *société*, parce que la connotation élitiste que l'homme a donnée au mot pour désigner sa propre société risque de froisser les autres.

Restent *fourmilière*, *ruche* et *termitière*.

Comment choisir ?

On sait le rôle éminent joué par les abeilles sur notre planète, mais grâce aux efforts appliqués des fabricants de pesticides, on peut penser qu'elles auront complètement disparu d'ici quelques années.
Il est donc inutile de s'en préoccuper et oublions le mot *ruche*.
D'autre part, si on considère que les fourmis sont nettement plus nombreuses que les termites et que les termites, elles-mêmes, sont flattées qu'on les appelle des fourmis blanches, le choix s'imposera de lui-même : *fourmilière*.

Je propose donc que le mot *fourmilière* annule et remplace le mot *règne* dans toutes les classifications du monde vivant.
On ne devra donc plus parler de *règne animal* ou de *règne végétal* mais de *fourmilière animale* et de *fourmilière végétale*.

Je suis sûr que, l'effet de surprise passé, la nouvelle terminologie entrera rapidement dans les mœurs.
La mesure ne coûtera rien, elle devrait donc plaire aux responsables politiques.
Quant aux sceptiques (il en est toujours) je dirai simplement ceci : *soyez convaincus que cette décision honorera la mémoire de notre espèce dans les livres scolaires des prochaines générations.*

50 millions de mots

« Sans la langue, en un mot, l'auteur le plus divin
Est toujours, quoi qu'il fasse, un méchant écrivain. »
Nicolas Boileau - Chant I / Art poétique, 1674

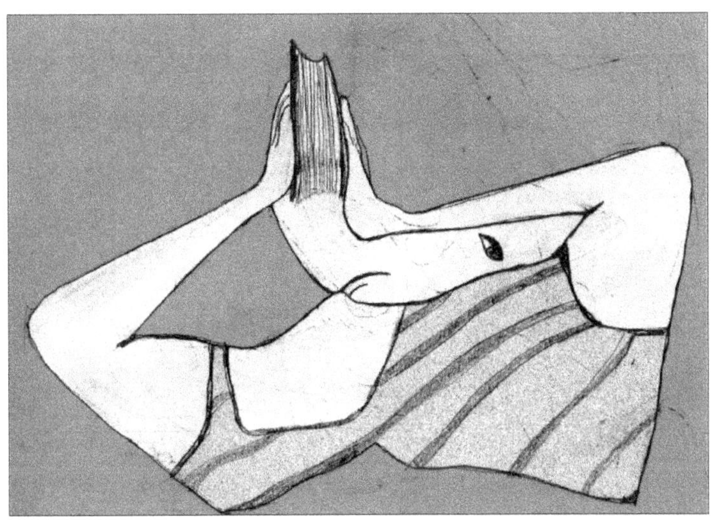

Les perlimpinpinologues de l'université *Savoie - Mont Blanc* sont des gens formidables. Ils ont publié de belles statistiques sur l'utilisation que nous faisons des mots de notre jolie langue.

Statistiquer notre façon de parler ou d'écrire est un moyen un peu compliqué pour se comprendre, mais c'est un bon moyen.

Pour cela, ils ont téléchargé 218 textes littéraires (romans) publiés entre 1950 et 2000 (soit un corpus de 15 millions de mots) et les sous-titres de 9 474 films ou saisons de séries (ce qui représente au total près de 50 millions de mots).

On voit que ce sont des gars solides en qui on peut faire confiance. J'ai pioché ici et là quelques résultats…

1. Le hit-parade

Voici les quinze mots les plus utilisés et leur fréquence (exprimée par million) :

-de (37 524,35)

-la (23 889)

-et (18 621,71)

-le (17 901,87)

-à (16 994,68)

-les (16 011)

-l' (12 502,19)

-des (12 299,45)

-il (12 021,52)

-un (11 468,61)

-en (10 644,13)

-que (9 208,19)

-une (8 972,77)

-est (8 745,94)

-dans (7 480,9)

(Soit un total de 224 286,31 occurrences sur un million)

Ainsi, dans notre vie de tous les jours, près d'un mot sur cinq ne dit pas grand-chose, et c'est un minimum, car les mots creux (il y en a) ne sont pas comptés dans cette statistique.

2. Je, tu, il, elle…

Le mot *il* arrive en 9ᵉ position.

Le mot *je* arrive en 20ᵉ, *elle* en 25ᵉ, *on* en 30ᵉ, *nous* en 36ᵉ, *vous* en 45ᵉ, *ils* en 52ᵉ.

Le mot *tu* arrive en 64ᵉ.

Brave dernier de la catégorie, le mot *elles* est 109ᵉ

Ainsi, on parle d'abord de *lui* puis de *soi*, ce qui n'a rien d'étonnant. On sait bien que notre société est égoïstement misogyne.

Il y a là un enseignement auquel les écrivains en herbe devraient réfléchir : une grande nouveauté serait d'écrire un roman à la deuxième personne du singulier (tu) ou, mieux, au féminin pluriel (elles).

3. Être ou avoir ?

Le mot *est* parade en 14ᵉ position tandis que le mot *a* traine en 31ᵉ position.

Être plutôt qu'*avoir,* voilà de quoi, au pire, inquiéter nos économistes et, au mieux, rassurer nos philosophes.

4. Les premiers mots « sensés".

Si on écarte les articles, les prépositions, les conjonctions, les auxiliaires, les pronoms, les relatifs, les nombres et autres bricoles du même type, les trois premiers mots qui disent quelque chose de précis sont :

-*temps* en 79ᵉ position,

-*vie* en 106ᵉ,

-*homme* en 108ᵉ.

Voici encore un bon tuyau pour les apprentis en écriture : il est extrêmement banal d'écrire un roman qui parle du temps, de la vie ou de l'homme.

Août 1968

« Et pourtant quelque chose est changé dans la vie,
Nous n'aurons plus jamais notre âme de ce soir. »
Anna de Noailles - Il fera longtemps clair ce soir
Le cœur innombrable, 1901

En août 1968, j'avais seize ans.

Il y avait eu les événements de mai, l'assassinat de Martin Luther King, les élections et bien d'autres choses au moins aussi importantes mais, à la vérité, ce genre d'actualités ne m'intéressait pas beaucoup.

D'autres sujets me faisaient rêver.

Par exemple, la greffe du cœur…

Par exemple, la conquête spatiale…

Je connaissais le système solaire comme ma poche. Je savais tout de la Nasa ou du programme Apollo et j'avais déjà vu deux fois le film de S. Kubrick, *2001 - l'odyssée de l'espace,* qui venait de sortir. Je n'y avais rien compris, mais je pouvais l'expliquer mieux que personne : quelque chose comme l'homme est la seule limite de l'homme.

Ne sachant pas trop ce que ça voulait dire, je simplifiais en disant que, médecine ou espace, le seul point à retenir était que tout était formidablement possible…

Chaque année, en Août, nous passions trois semaines de vacances à Couvreville-sur-Mer, en Normandie.

J'y retrouvais mon cousin Julien et mon copain Anatole.

Ma mère nous appelait les trois frères.

A chaque fois, nous mettions quelques heures pour nous réhabituer les uns aux autres et nous finissions toujours par mériter ce surnom.

Mais cette fois-ci, en 68, ce fut un peu plus long.

Nous avions changé.

Julien, cheveux longs, nous avait dépassé de plusieurs centimètres. Anatole était couvert d'acné et, moi, j'avais épaissi de quelques kilos peu musclés. Mais surtout, au-delà des baignades, volley, flippeur, cinéma… des années précédentes, nous avions envie d'autre chose.

Le premier jour, nous avons essayé le ballon, le bain, le pédalo… Sans conviction.

Le second jour, nous sommes restés avachis sur la plage à mélanger mollement Beatles, Brel et Marylin Monroe.

Il faisait chaud.

Nous avons réussi à nous lever.

Nous avons fait quelques pas et, déjà fatigués, nous nous sommes assis sur le parapet qui sépare la plage de la promenade.

- *Qu'est-ce qu'on fait ?* demanda Julien.

- *J'ai pas envie !* répondit Anatole.

Trois soupirs.

- *D'après vous, à quelle distance se trouve l'étoile la plus proche du soleil ?*

Ça, c'était moi. J'essayais ma passion du moment.

- *Quoi ?* demanda Julien

- *L'étoile la plus proche de la Terre, elle s'appelle Proxima du centaure, à quelle distance elle est, d'après vous ?* répétais-je.

- *On se ballade ?* proposa Julien

Deux soupirs, trois râles.

Nous avions changé.

Nous vîmes passer trois filles.

Aujourd'hui, je dirais des *jeunes filles de notre âge* mais, à l'époque, je disais *filles*, alors je dis *des filles*.

Plutôt jolies, deux blanches, une noire.

Plus exactement, une brune, en paréo à fleurs. Une blonde, toute en bouche et poitrine. Et une africaine, coiffure à la lionne et collier rose.

La première, le paréo, nous regardait de haut pendant que la seconde lui glissait quelque chose dans l'oreille.

Je regardais, fasciné, les longues jambes noires et brillantes de la troisième. Un croisement lion-girafe.

Anatole donna un coup de coude à Julien.

- *Vas-y, Julien, dis-leur de nous rejoindre !*

Julien n'hésita pas une seconde.

- *J'y vais !*

Il se leva, se planta devant les filles et, rejetant ses cheveux en arrière, lança :

- *Salut les copines, vous venez avec nous ?*

- *Et pourquoi ?* répondit du tac au tac la brune.

- *Heu, quoi ! Pour parler, quoi !* proposa Julien, un peu désarçonné.

La grande haussa les épaules, imitée par les deux autres. Elles se regardèrent et, ensemble, éclatèrent de rire. Elles passèrent sans nous regarder pendant que Julien, tout penaud, revenait s'asseoir près de nous.

- *Elles sont nulles !* dit-il.

- *Bon, qu'est-ce qu'on fait ?* reprit Anatole.

Nous sommes retournés nous coucher dans le sable, comme une confuse envie de nous cacher.

Le lendemain, nous étions au même endroit, à la même heure. J'étais perdu dans mes explications :

- *Vous savez que la fusée Saturne mesure 110 mètres de haut. Vous vous rendez compte ? Un terrain de foot !... Et tenez-vous bien, elle pèse 3000 tonnes !*

Julien m'arrêta :

- *Les gars, regardez !*

Il venait de repérer nos trois rieuses de la veille.

- *Bon c'est à toi ! Vas-y Anatole !*

Anatole maugréa un peu et, sans illusion, se lança à l'aventure.

Il s'approcha de la brune et, cachant son visage d'une main, lui dit quelque chose d'incompréhensible. Le geste de la fille, qui vissait un index sur sa tempe, était, lui, on ne peut plus clair.

Anatole n'insista pas et revint aussitôt vers nous, plus rouge qu'il n'était parti. Ce qui n'est pas peu dire.

Les filles s'étaient arrêtées. Resserrées en demi-cercle, elles échangeaient à voix basse Dieu sait quels babillages féminins.

Anatole, vengeur, me tapa sur l'épaule :

- *Bon ! Vas-y, Michel ! C'est ton tour !*

- *Quoi ? Mon tour ?*

- *Vas-y, qu'on te dit !* répétait-il.

- *Oui ! A toi !* confirmait Julien.

Je me suis levé à reculons.

La blonde riait déjà. Elle me dépassait d'une demi-tête.

- *Oui ?* lança-t-elle, comme si j'allais lui commander un kilo d'oranges.

J'ai préféré me concentrer sur le collier rose et dit ce qui me passait par la tête :

- *Euh... Vous savez que... l'étoile la plus proche de la Terre se trouve... à plus de deux années-lumière ?*

Il faisait vraiment chaud.

- Ça fait combien deux années-lumière ? me demanda la lionne avec une voix de biche.

Je crois que je l'ai embrassée des yeux.

J'ai récité :

- Une année-lumière ! C'est la distance parcourue par la lumière en une année ! Ça fait environ dix mille milliards de kilomètres !

- Ah oui, c'est beaucoup ! dit la blonde.

- Tant pis, on n'ira pas cet après midi ! persifla la brune.

- Pourquoi elle est si loin ? me demanda gentiment le collier *rose*.

- Quoi pourquoi ? Je croyais avoir mal entendu.

Elle répéta :

- Pourquoi la Terre est si loin de tout ?

Elle devait se moquer de moi, même si sa voix douce m'empêchait d'y croire.

- Oui pourquoi ? répétèrent ensemble les deux copines.

Avec elles, il n'y avait pas de doute : j'étais chèvre au milieu des fauves.

Heureusement, arrivaient les renforts.

- Salut les copines, vous venez avec nous ? lança Julien.

- On va manger une glace ! proposait Anatole.

Je soufflais.

Nous les avons encore un peu poussées.

Nous ? Surtout Julien et Anatole. Moi, j'étais toujours coincé dans la dernière question qu'on m'avait posée…

Quelques minutes plus tard, nous étions devenus les meilleurs amis du monde. Ou presque.

Ma lionne-girafe-biche s'appelait Charlotte. Quand je lui ai dit :

- J'aime bien ton prénom. Il me fait penser à…

Ses beaux yeux et ses lèvres roses se sont arrondis et j'ai eu peur de terminer ma phrase.

Alors, j'ai obliqué prudemment :

- Tu es née où ?

- Nigéria, Biafra, Enugu,…

C'est-à-dire un endroit dont je n'avais jamais entendu parler. À bien y réfléchir, je n'avais pas entendu parler de la quasi totalité de la planète.

Par chance, elle relança la conversation sur les galaxies, le Soleil, la Lune.

Elle raconta :

- Dans mon pays, les vieilles disent que les étoiles sont les bougies des dieux.

- C'est drôle ! ai-je dit

- C'est toi qui es drôle ! corrigea Charlotte en s'approchant de moi.

Tout le monde a ri.

Nos vacances venaient enfin de commencer.

J'ai souvent repensé à Charlotte.

Une fois, ce fut différent et plus fort que les autres.

C'était quelques semaines plus tard, en septembre.

J'étais dans mes livres scolaires, quand je reconnus quelques mots qui sortaient de la télé : *Enugu, Biafra.* Je me suis approché aussitôt. Une image horrible est passée à cet instant : un enfant, la famine, la guerre, le génocide….

J'ai su d'un coup qu'avec sa question « *pourquoi la Terre est-elle si loin de tout ?* », Charlotte ne s'était pas moquée de moi.

Elle m'a écrit un jour la réponse : « *Dieu sait de quelles horreurs l'homme est capable. Il a veillé à isoler sa prison.* »

Pi sur 200 Hz

« En cherchant l'œil de Dieu, je n'ai vu qu'une orbite
Vaste, noir et sans fond, d'où la nuit qui l'habite
Rayonne sur le monde et s'épaissit toujours »
Gérard de Nerval - Le Christ aux oliviers / Les chimères, 1856

Ainsi donc, il existe une intelligence extraterrestre !
Je trouve dans ma messagerie un mail de mon ami espagnol, Alberto di Santos, responsable de l'observatoire de Chica-Chica dans la cordillère des Andes (plateau du Huancayo, à l'est du rio Madre de Dio au Pérou) qui m'annonce cette formidable découverte.

Le dispositif international de radiotélescopes dont Alberto a la responsabilité aurait enregistré cette nuit une séquence électromagnétique fantastique en provenance du point X2001-2 situé au centre de l'amas globulaire NG200-189. L'endroit est plus connu sous le nom de l'Alpha de l'Éridan, ou l'étoile du Signe. On peut facilement l'observer dans le ciel nocturne avec de bonnes jumelles, à condition de se trouver dans l'hémisphère sud et pas trop loin de l'équateur.

Personnellement, je ne suis pas surpris. La seule chose qui m'étonne est le temps qu'il a fallu pour s'en convaincre.

Bon, reprenons calmement ce que m'explique mon ami astronome.

Primo, l'exo-message, le contenu du message extraterrestre.
Mathématique, évidemment.
Il s'agit de la suite inlassablement répétée, croissante puis décroissante, des onze mille quatre cent onze premières décimales du nombre Pi !
Pourquoi Pi ? Et pourquoi 11 411 ?
Très probablement la forme intersidérale du *Allo* traditionnel.
Alberto trouve particulièrement esthétique d'avoir choisi un nombre aussi joli (11 411) pour battre la mesure de cette musique cosmique. Pour ma part, si la méthode atteste indubitablement de l'intelligence de l'émetteur, je ne peux m'empêcher d'y voir le signe d'un esprit assez tarabiscoté.

Secundo, la nature physique du signal.
Alberto m'indique qu'il s'agit d'un train d'ondes situé sur la frange 21 cm de l'hydrogène modulée à basse fréquence (200 hertz) et ce à une très faible puissance (quelques fractions de microwatt).

L'équivalent du ronronnement d'un moteur d'avion transmis par un transistor de plage, ajoute-t-il.
Il a toujours fait preuve d'une grande pédagogie.

Le mail passe ensuite à l'aspect relativiste du signal : la traversée des poussières intersidérales, l'évitement des trous noirs, les embuches provoquées par les amas globulaires... passons... le parasitage cosmique, le décalage vers le rouge, les glissements numériques,... passons... tout ça sur une distance considérable, 200 milliards d'années-lumière, passons...

200 milliards ?

Là, il y a certainement erreur !
L'amigo a du confondre millions et milliards ! L'exaltation de la découverte l'a certainement perturbé.
Pourtant, il se répète, 200 milliards, et ajoute une bonne dizaine de points d'exclamation !
Alors, il est sérieux, il s'est rendu compte du problème !
Quel problème ?
En astronomie, plus on regarde loin dans le ciel plus on remonte dans le temps. 200 milliards d'années-lumière signifierait que le signal a été fabriqué avant la création du monde, et même bien avant puisque l'univers n'a que 30 milliards d'années !
Mascarita !
Il aurait donc été émis par Dieu en personne - qui d'autre ? - et, compte tenu de la fréquence (celle d'un ronflement), avant même qu'il ne se réveille !

Ah, la nouvelle va faire du bruit !

9 mm

« Industriels, faites faire votre publicité par les poètes comme le fait Moscou pour sa propagande. »
Blaise Cendrars - Extrait de *Aujourd'hui* du 26/2/1927

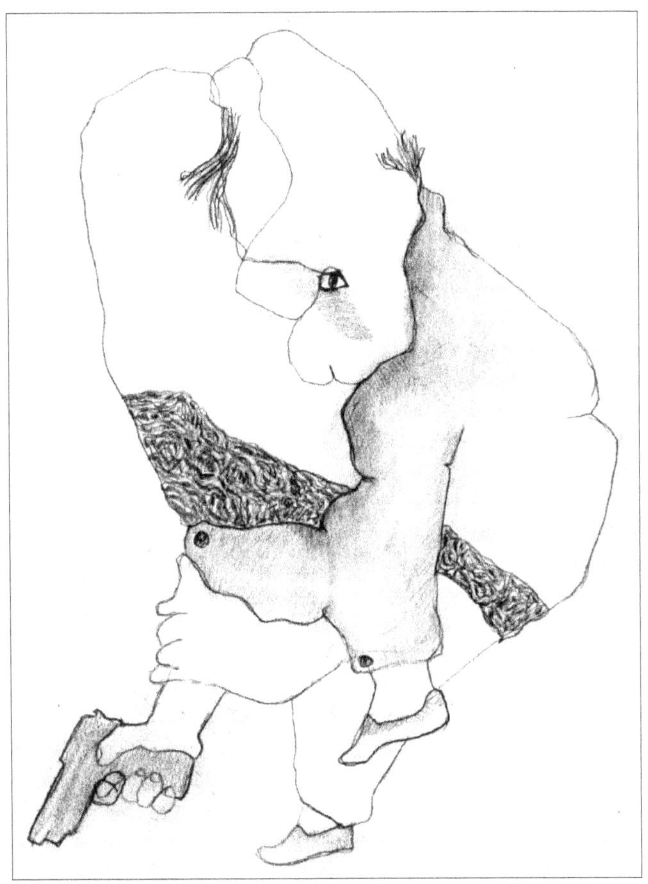

L e fan de police scientifique que je suis ne peut qu'être frustré par les séries télévisées.

On ne lui donne aucun détail méthodologique, aucune explication technique, aucune référence bibliographique…

Autant dire qu'on le prend pour un demeuré !

Il suffirait pourtant de peaufiner quelques dialogues pour que l'amateur se sente respecté !

Un exemple ?

Voici ce que pourrait nous expliquer l'expert en balistique plutôt que d'aller droit à la conclusion.

- C'est vous qui avez demandé une expertise sur les balles qui ont criblé la victime de Sunset Avenue ?

- Juste, baby ! Et alors ?

On aura deviné que celui qui mâche du chewing-gum est le détective chargé de l'enquête et que la jolie blonde aux yeux bleus qui enlève ses lunettes pour lui répondre est sortie major de sa promotion.

- Ce sont des 9mm parabellum !

- Ah ? Et ?

La spécialiste bombe le torse, passe la langue sur ses lèvres (ce qui est très télévisuel) et continue :

- Le 9 mm parabellum est un classique ! Il est utilisé par tous les pays de l'OTAN, Europe et États-Unis, depuis belle lurette. Ceci dit, on lui a vite reproché son manque d'efficacité. Il est vrai qu'à moins de vider son chargeur, de toucher la tête ou un endroit sensible…

Échange de sourires et reprise des explications :

- … son diamètre est trop petit pour occasionner des dommages suffisant à neutraliser immédiatement la cible. Les spécifications 2000-ZA rédigées par le F.B.I. ont abouti au développement du 10 mm auto. On s'est alors séparé du 9 mm, lequel a évidemment inondé les marchés parallèles.

Plan de coupe rapide sur la poitrine de la spécialiste.

- Finalement, on a trouvé les 10 mm trop lourds, trop lents et beaucoup sont revenus au 9 mm ! Ça se comprend, le 9 mm parabellum est un superbe compromis : la balle pèse 8 grammes,

la cartouche 12 grammes, la vitesse à la sortie du canon est de 355 m/s, c'est à dire 1,04 Mach...

Échange de hochements de tête admiratifs et suite du cours :

- Eh, oui : supersonique : 1 278 Km/h ! Ce qui représente une énergie de 490 joules ! Bref, une merveille utilisable les yeux fermés même si vous n'êtes pas Rambo. Pas mal, non ? D'ailleurs, j'en ai offert un à ma grand-mère, à Noël dernier.

- Je vois, je vois... Vous voulez dire qu'avec un 9mm parabellum, n'importe qui peut être le meurtrier !

- Juste, lieutenant !

Le détective est souvent lieutenant.

Échange de baisers et scène suivante.

…

On voit bien que ce n'est pas sorcier de donner un peu de substance aux dialogues !

On me dira que cela a un coût.

Oui, c'est inévitable si on veut une information sérieuse mais, pour un projet culturel de qualité, je suis sûr que les sponsors suivront.

1/1000 rad ou 3,44 MOA

« À vendre les applications de calcul et sauts d'harmonie inouïs.
Les trouvailles et les termes non soupçonnés, possession
immédiate. »
Arthur Rimbaud - Soldes / Illuminations, 1873-75

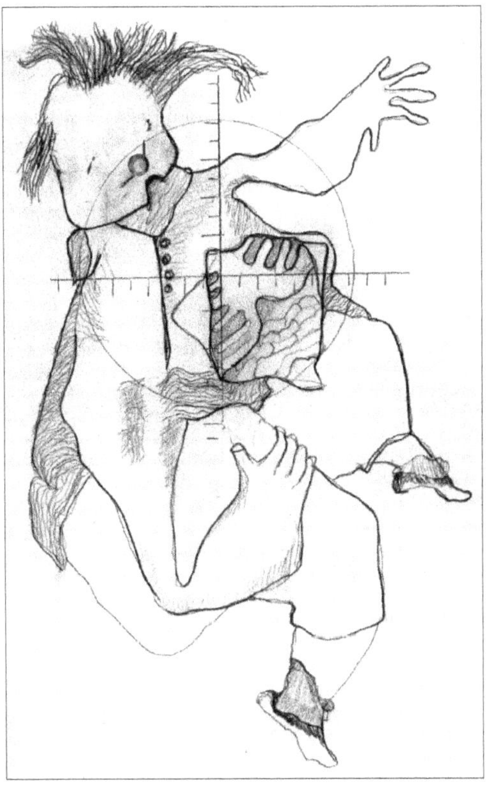

L e meilleur de la technologie au service de vos objectifs !

Voici quelques caractéristiques.
-agrandissement : 3 x- 12 x
-diamètre de l'objectif : 50 mm
-corps : 25,4 mm
-distance optimale des yeux, entre 75 et 95 mm
-mesures : 314 x 58 x 58 mm
-poids : 390 g
-très lumineux, optique avec traitement multicouche
-rempli de gaz nitrogène, contre la formation de buée
-adapté pour tous les montages avec un diamètre de corps de 25,4 mm, y compris les dispositifs laser et micro-acoustiques à orientation doppler de notre catalogue confidentiel
-résistance remarquable au recul : garanti jusqu'à 2 500 joules d'énergie !

L'un des nombreux points fort de notre produit est la qualité du réticule micrométrique.
A la visée, on remarquera les petits points sur les lignes horizontales et verticales du collimateur. Ces points ont un diamètre de ¼ mil, avec une distance de 1 mil (1 mil correspond environ à 1/1000 rad ou à 3,44 MOA).
Ces marquages permettent d'améliorer nettement la précision des tirs sur les objets en mouvement et l'évaluation des distances, de jour comme de nuit.
Avec notre produit, vous pourrez enfin choisir : tuer ou blesser, et vous réussirez !

Livraison avec capuchons de protection et clefs de montage.
Discrétion assurée.

Cinquante-mille milliards de cellules

René Descartes - Les passions de l'âme -1649

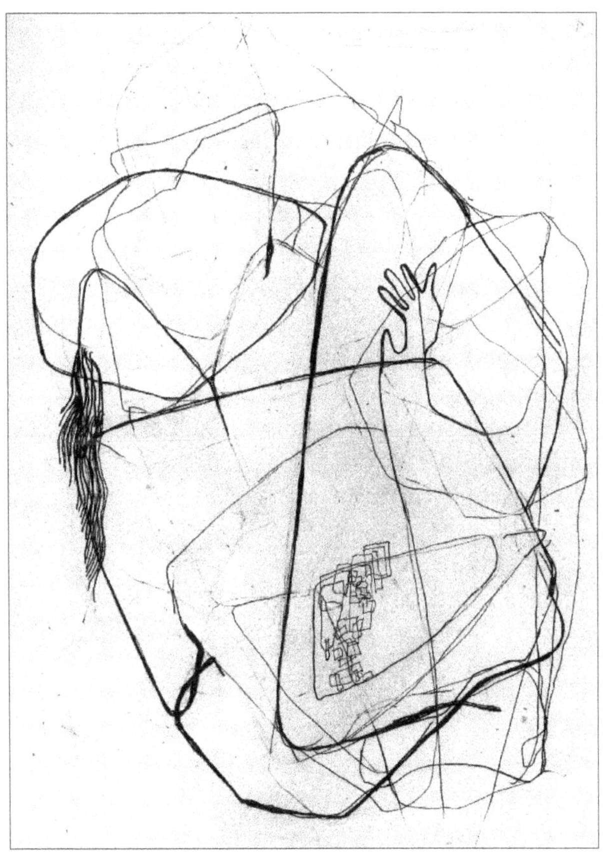

Aucun étudiant n'aurait manqué cet instant pour rien au monde. Nous étions tous arrivés en avance, moi plus que les autres. Fébriles, excités, nous attendions le Maître.

La réputation que lui avait conférée son prix Nobel de médecine, est difficile à imaginer pour les jeunes d'aujourd'hui, plus habitués aux vedettes de cinéma et de reality show, mais ceux de ma génération s'en souviendront certainement. On qualifiait l'homme de génie, son intelligence d'exceptionnelle, ses découvertes de fondamentales, le secrétaire général des Nations unies lui avait donné l'accolade, le Président de la République l'avait consulté… Il avait embrassé Sophia Loren !

C'est cet esprit gigantesque, cet explorateur, ce découvreur, cette sommité de la science, que nous autres, misérables petits carabins appliqués et besogneux, allions toucher de nos yeux et approcher de nos oreilles !

Nous allions pouvoir dire j'y étais.

J'y étais.

J'avais un gros creux à l'estomac. L'angoisse et l'impatience remplissaient mal le vide laissé par le déjeuner que j'avais sacrifié pour avoir la meilleure place. Mais, je ne regrettais rien. J'étais aux premières loges.

Un tremblement nerveux agitait ma jambe gauche. Je tenais fermement mon stylo. Il devrait démarrer au quart de tour.

Je sentais des crampes monter dans mon avant-bras.

Pour me calmer, je répétais inlassablement, la bouche fermée, la voix basse, la formule de la solution du trinôme, moins bé plus ou moins racine de bédeux moins quatre acé sur deuza, moins bé plus ou moins racine de bédeux moins quatre acé sur deuza…

$$\frac{-b \pm \sqrt{b^2 - 4ac}}{2a}$$

Pour une raison que je ne saurais expliquer, ce petit exercice a toujours réussi à apaiser mon esprit agité.

Soudainement, l'assemblée comprit que le moment était venu. Un pressentiment collectif, une intuition surnaturelle, une onde qui remplit la salle et frappe les esprits.

Comme une seule, au même moment, toutes les têtes se sont tournées dans la même direction, l'entrée des artistes, au fond à droite en bas de l'amphithéâtre.

Un courant d'air froid s'est engouffré dans la salle.

Avec le silence.

Ma jambe s'est détendue.

Mon stylo s'est approché de la feuille.

J'ai pensé « *enfin* ».

Il entra.

Dès que la classe reconnut la barbe grise, les lunettes carrées et le nœud papillon, tout s'arrêta. Chacun bloqua comme il put sa respiration. Une atmosphère épaisse comme le respect avait envahi les lieux.

Le savant avança tranquillement jusqu'au centre de l'estrade. Le pas était lent et élégant, ralenti, comme si le temps, subitement devenu visqueux, avait arrêté les horloges.

Le surhomme nous regarda longuement. On eut dit le shérif impassible qui, la main sereinement posée sur la crosse de son revolver, fait le compte des méchants.

La force du juste.

Une perle de sueur glissait dans mon dos.

Je ne pouvais pas bouger.

Le silence n'en finissait plus.

Sûr d'avoir maté l'auditoire, le grand homme nous tourna le dos, prit une craie et écrivit sur le tableau noir les mots suivants : *cinquante-mille milliards*, puis il mit ses yeux dans nos yeux et attendit.

Personne n'avait encore vraiment respiré.

Avant qu'il ne fût trop tard, il commença :

- Vous ne serez jamais de vrais scientifiques si vous ne vous rendez pas compte, complètement compte, intimement compte, de ce que signifie cinquante-mille milliards !

Il disait *milliaaaaaaaaaaard* pour souligner le nombre de zéros qu'il ne faut pas oublier de mettre…

Décidément, il démarrait fort !

« *Le coup des puissances de dix !* » ai-je pensé.

C'est le genre de problème, avec celui des robinets qui fuient et des trains qui se croisent, où j'ai toujours pris un malin plaisir à épater mes copains.

J'étais de première force à ce jeu-là.

Je me sentais mieux. J'ai bombé le torse, esquissé un sourire déjà victorieux, sûr que je serais l'un des rares, peut-être le seul, à ne pas tomber dans le piège.

Il continua.

- *Qu'est-ce c'est que cinquante-mille milliards ?*

Je ne savais pas s'il fallait lever le doigt. Je me risquai à regarder sur ma droite : une bouche grande ouverte. Sur ma gauche : une langue pendante. Heureusement, il ne suivait que le fil droit de sa pensée.

- *Une chevelure épaisse ? Ridicule ! Il y a moins de cinq-cent-mille cheveux sur une tête bien garnie ! Alors ? Alors ?*

J'aurais du écrire *alorrrrre*.

- *Le nombre d'épis d'un champ de blé ? Vérifiez… Il devrait couvrir au moins dix-mille hectares ! Une vie de cent ans ? Il n'y a que trois milliards de secondes, dans une vie de cent ans ! Moi, je vous parle de cinquante-mille milliaaaaaards !*

Son regard me frôla.

Ma tête entra prudemment dans mes épaules, j'arrondis le dos, je creusai mon ventre et m'enfonçai au plus profond de moi-même.

Il ne m'avait pas vu.

- *Le nombre de lettres d'un gros livre ?*

Un tremblement nerveux agita chacun d'entre nous.

- *Ineptie ! Il faudrait cent millions de livres de deux-cents pages chacun pour arriver à cinquante-mille milliards de lettres !*

Je n'arrivais pas à comprendre comment il savait tout ça !

- *Alors ?*

Silence !

Les mouches ne bougeaient plus.

- *Et bien, pour savoir ce que ça représente cinquante-mille milliards, il vous suffit de prendre un homme ! Un homme ! Tout simplement ! Nom de Diou ! Car un homme, voyez-vous, jeunes gens, ça fait cinquante-mille milliards de cellules !*

Un frisson a parcouru l'auditoire et, quand il m'est passé dessus, j'ai failli pleurer.

J'étais abasourdi.

- Maintenant, dans ces cinquante-mille milliards de cellules, enlevez celles qui servent à manger, celles qui se limitent à boire, celles qui ne font que digérer, celles qui passent leur temps à déféquer ou à uriner, celles qui nous tiennent au chaud, celles qui nous permettent de nous reproduire, de nous défendre, de respirer, de bouger, d'entendre, de parler, de voir, de sentir, de goûter, sans oublier celles qui servent à faire joli... Allez, allez ! Enlevez tout ça et dites-moi ce qui reste !

Il attendit de nouveau.

J'allais m'évanouir.

- Les cellules nerveuses, jeunes gens ! Les cellules nerveuses ! Et il n'y en a pas lourd : une sur cinq mille ! Eh oui ! Maintenant retirez celles qui ne servent à rien : les souvenirs sans importance, les idées loufoques, les connaissances inutiles, les chagrins, les poèmes... Non, gardez les poèmes, je ne chipoterai pas !

Il avait été royal. Il devenait impérial.

- Et bien, jeunes gens, dans le petit tas de cellules qui restent, disons dix ou vingt milliards, il vous suffira d'en faire travailler à peine un dixième. Un dixième ! Ça fait deux milliards ! Deux milliards au grand maximum. Celles qui nous servent à penser, pas plus ! A peine deux milliards de cellules, pour suivre mon cours ! Dites-vous bien que vous en faites travailler au moins mille fois plus pour bailler !

Il hurla :

- Alors, nom de Diou ! Je ne veux pas entendre dire que c'est difficile !

J'avais trouvé mon maître. J'irai là où il me dira d'aller.

Taille 32

« Et j'ai cru voir la fée au chapeau de clarté
Qui jadis sur mes beaux sommeils d'enfant gâté
Passait, laissant toujours de ses mains mal fermées
Neiger de blancs bouquets d'étoiles parfumées. »
Stéphane Mallarmé - Apparition / Poésies, 1899

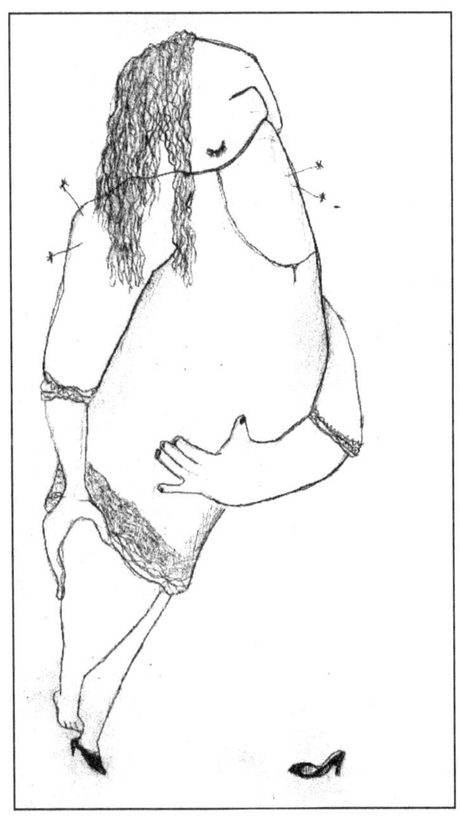

Il était une fois un vieux savant qui savait des tas de choses. Il savait pourquoi la confiture colle aux doigts, pourquoi les bananes sont rondes, pourquoi les poissons rouges sont rouges... Bref, c'était un grand savant.

- Et pourquoi que les bananes sont rondes, papy ?

- Ah, ça c'est une question d'évolution, ma chérie. La rotondité de la banane a constitué un avantage concurrentiel important dans la lutte pour la survie des bananes.

- C'est quoi la rontitité, papy ?

- Heu... C'est... Mais ce n'est pas important dans mon histoire. Je continue. Un matin, le bonhomme trouva au pied de sa cheminée une extraordinaire chaussure ! Taille 32 !

- Oh, comme moi !

- Ah, oui ? Tiens, tiens ! C'était une belle chaussure bleue. Elle brillait de mille étoiles. On aurait dit qu'elle avait été découpée dans le ciel sans lune d'une nuit d'été.

- C'était la chaussure de Cendrillon ! Tu sais bien, Cendrillon !

- Mais non, ce n'était pas la chaussure de Cendrillon ! Cendrillon, c'est une autre histoire !

- Alors, elle était à qui ?

- C'est justement ce que s'est demandé le savant ! Il a enfilé sa blouse blanche, nettoyé ses lunettes et est allé dans son laboratoire. Avec une pince pointue, il a délicatement prélevé à l'intérieur de la chaussure une paillette dorée avec un petit écrin de velours noir et en a confié l'analyse à sa machine la plus sophistiquée... Le résultat a été immédiat : la chaussure appartenait à une fée !

- Une fée ?

- Oui, une fée !

- Ça alors !

- Oui ! Tu peux le dire !

- Et alors ?

- Ben, le bonhomme remarqua que la chaussure était toute neuve. Il s'est dit que la fée avait eu très mal aux pieds et que ça l'avait terriblement agacée ! Elle avait enlevé ses chaussures et dans sa colère les avait jetées n'importe où. Par hasard, une d'elles était tombée par la cheminée, chez le savant.

- Ce n'est pas possible ! Les fées n'ont pas mal aux pieds ! Et puis, elles volent !

- Ben oui, tu as raison, c'est ce que s'est dit le savant, alors il a voulu en avoir le cœur net. Il s'est rendu au grand laboratoire du Centre national de la recherche scientifique. Là-bas, ils ont un super spectromètre de masse, une de ces super machines de la dernière génération qui fonctionne avec la radiation orangée émise par l'isotope 86 du krypton. Alors, tu imagines ! Ça ne se trompe jamais ces appareils-là !

- Et alors ?

- Alors, la super-machine a été catégorique : la chaussure n'existait pas !

- ?

- Oui, comme tu dis ! Elle n'existait pas ! Pour se consoler, le vieux savant s'est acheté un gros gâteau à la crème et une grande tablette de chocolat. Il a tout avalé d'un coup et il est tombé malade.

- ?

- Tu veux savoir la morale de cette histoire ?

- Ben oui, quoi !

- Quand un miracle passe, il ne faut pas chercher à comprendre... En tout cas, moi, dans ce cas, j'aurais commencé par vérifier que la fée n'était pas dans la salle de bain en train de prendre une douche !

- Ton histoire est idiote, grand père.

144 marches

« L'âme s'en va nager dans la cage de l'escalier… »
Henri Michaux - La paresse / Mes propriétés, 1929

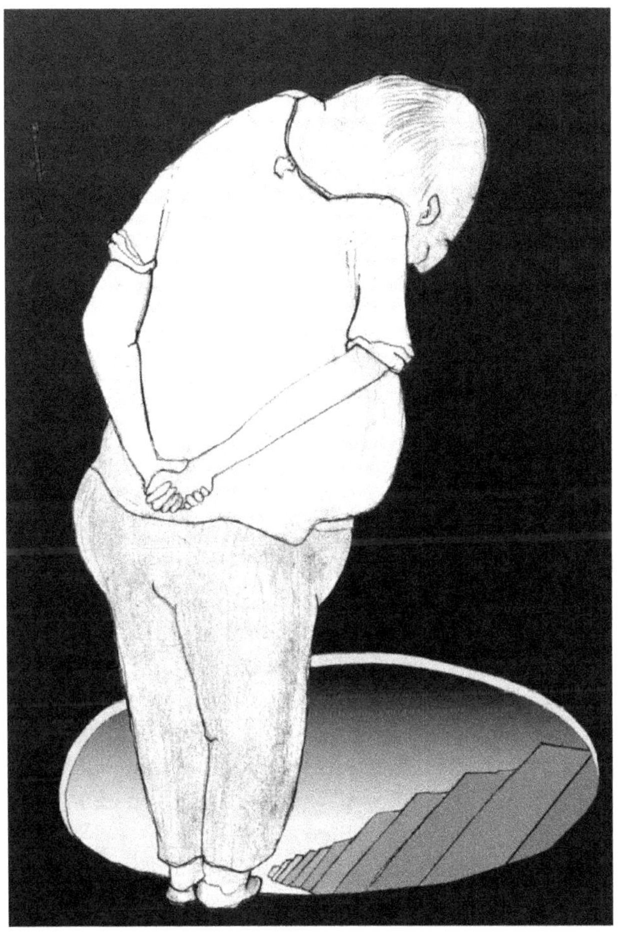

Quand l'ascenseur était en panne, il fallait monter cent-quarante-quatre marches pour rejoindre notre appartement au neuvième étage.
Je dis 144 mais je ne m'en souviens pas vraiment.
Pourtant, quand j'étais petit, je l'ai monté et descendu tant de fois cet escalier que j'ai forcement compté. C'est le genre de choses que j'ai toujours fait, pour jouer, pour patienter, pour me rassurer. Mais là, j'ai oublié.
Pour dire 144, j'ai réfléchi.

Primo, le nombre de marches par étage devait être un nombre pair car l'escalier zigzaguait au rythme de deux segments égaux par étage : un zig tout droit jusqu'à un petit palier, situé à mi-étage, puis, après avoir fait demi-tour, un zag identique jusqu'à l'étage supérieur.
Deuxio, mon père avait accroché une assiette au dessus de la porte de la cuisine.
Je ne sais plus trop ce qui y était dessiné, des fleurs, un bateau, un paysage… Peu importe, ce devait être une assiette souvenir, mais ce souvenir-là n'était pas le mien. D'ailleurs, ce quelle représentait n'a aucune importance, c'est sa position sur le mur, à mi-distance entre le plafond et la porte, qui m'a aidé dans mes calculs.
Je me suis dit qu'elle devait faire 20 cm de diamètre, et comme, dans ma mémoire, il y avait un espace équivalent au-dessus et en dessous, j'ai estimé à trois fois la taille de l'assiette la hauteur du pan de mur qui se trouvait au-dessus de la porte.
Si j'ajoute 2 m pour la hauteur d'une porte standard, j'en ai déduit que les appartements devaient faire 2,60 m de plafond.
En comparant avec mon appartement d'aujourd'hui, je me dis que ce devait être peut-être un peu moins. Mais pas beaucoup.
En prenant 20 cm par marche (j'ai trouvé ça sur Internet), 2,60 m représentent 13 marches par étage.
Là-dessus, j'ai ajouté 3 marches pour compter l'épaisseur des dalles qui séparent les étages. 3 et pas 4, car je devais arriver à un nombre pair.
Et voilà pourquoi, en comptant 16 marches par étage, j'ai trouvé 144 marches. 144, ça me dit quand même quelque chose mais ce n'est pas vraiment un souvenir.

Par contre, Je me souviens très bien du béton. C'est facile : le béton il y en avait partout. Depuis toujours, je sais le reconnaître à l'oreille. Les cages d'escalier résonnent comme des cavernes. Les ombres sont des cris et tout, même les rats et les araignées, a une ombre.
Je me souviens aussi que le sol était couvert de petits carreaux de 5 cm de côté, beiges, tachetés de rouge, un rouge sombre comme du sang séché.
5 cm environ, peut-être 6 ou 7, mais pas plus.

Les murs de la cage d'escalier étaient revêtus d'un crépi granuleux, protégé par une peinture beige, épaisse comme une chair. Ça, j'en suis sûr. Les jours où je me sentais fort, j'y frottais mes doigts en passant, ça me faisait frémir et je me sentais encore plus fort.
Aujourd'hui encore, quand je me promène, j'aime bien frotter mes doigts sur ce que je longe. Il me semble que je vois mieux quand je touche.

Je me souviens aussi de la rampe, en acier noir et froid, arrondie aux extrémités, portée par une grille ondulée. Je m'y appuyais, à main gauche, pour sauter les quatre dernières marches, parfois six. J'avais l'impression de voler. J'ai réussi une fois sept, mais je me suis fait mal.
Je revois aussi, sur chaque palier, les fenêtres aux vitres dépolies et les plafonniers éclatés.

Voilà c'est tout.
Je ne sais rien de plus, il faudrait que j'y retourne ou que je fouille dans ma mémoire, il y a forcément quelques étages où j'ai laissé des souvenirs.
Mais je ne veux pas essayer.
A quoi bon ?
Tôt ou tard, c'est par ces marches-là, 144 ou pas, qu'il faudra que je descende.

Quelques centaines d'octets

« Le moment présent est un cadeau dont je n'ai pas su profiter.
Je n'en connais pas bien l'usage. »
Jules Supervielle - Prière à l'inconnu / La fable du monde,
1938

Cet instant qui a commencé avec le premier mot de ce texte, cet instant qui passe sur moi, autour de moi, dans moi, impassible, monotone, appliqué, indifférent, ou cet instant d'il y a cinq minutes, déjà mort, inerte, ou ces instants d'hier, froids, perdus, et tous les autres, enfouis dans les autres, oubliés, effacés, chacun est unique, tous sont rares, ce sont des fragments de ma vie, ils sont comptés, ils ont compté, ils sont tous importants, même s'ils n'ont pas tous la même importance. Un baiser, un rêve, un chagrin, un éblouissement, une peur, un rire, une main, une soie, une fumée, une vague, un cri, une liqueur, un bleu, une fleur… ils sont pleins de ma réalité et, pourtant, tous se vident d'un mot.

Ce que je mets dans celui-ci, là, sous ma main, maintenant, est simple. C'est l'exercice : le tenir, le garder, l'observer. Je me concentre, je le guette, je l'analyse, je relève tout ce qui s'y passe.

Le plus vite possible, le plus précisément possible.

Je n'ai pas le temps de tout écrire.

Tant pis, je note ce que je peux, mes corrections, mes jambes croisées, mon mal de dos, le goût de ma salive, la fraîcheur de l'air, ma respiration, le mouvement de mes mains sur le clavier, le mouvement de mes yeux sur l'écran, le clignement de mes paupières, la caresse de ma langue sur mes lèvres, et même cet accent circonflexe oublié que je viens d'ajouter, ce mot, *ajouter*, que je regarde, ou celui-ci, qui par hasard arrête cette phrase pour la renvoyer à la ligne, et cette virgule, et ce point.

Il y a tant de gouttes dans cette pluie qui me noie.

Il y a tant dans un instant.

Mais ma mémoire s'en fout, elle gâche tout, elle ne simplifie pas, elle ne caricature pas, elle ignore tout ! J'ai beau relire, réfléchir, chercher, ces mots ne servent à rien. Quoi que j'aie pu dire de cet instant, tout ce que j'en retiendrai, une fraction de seconde après, est : *j'écrivais*. Même cela, je n'en suis pas sûr ! Aucune phrase n'aura ajouté un fragment véritable de cet instant à mon souvenir.

A croire que rien ne s'est passé en moi !

Cet instant m'a oublié, comme si je m'étais arrêté de vivre, comme si je ne l'avais pas vécu. D'ailleurs, ai-je jamais vécu ?

Cet instant ne pèsera jamais plus que les quelques centaines d'octets, abstraits, fossiles, étrangers, inutiles, du texte qu'il en reste.

0,4 % manquants

« Car il faudra qu'on résume
Tous les efforts d'un désir
Qu'aucun goût d'amertume
Ne saurait contenir. »
Rainer Maria Rilke - Notre avant dernier mot / Vergers, 1926

Vous serez heureux d'apprendre, j'en suis sûr, la *vraie* composition chimique du corps humain.

Pourquoi *vraie* ?

Pour peu que vous ayez fait quelques recherches, vous aurez remarqué la diversité des informations qui circulent à ce sujet et, signe révélateur, qu'aucune ne cite ses sources.

La raison en est simple : il ne s'agit que de grossières estimations !

Voire de simples paris de laboratoires, que l'absence de moyens, le manque de curiosité ou l'excès de scrupules n'ont jamais permis de vérifier !

Contrairement à ce qu'on va découvrir ici, qui repose sur une méthodologie rigoureuse.

Je vais m'en expliquer mais, sans attendre, voici ce beau résultat :

-61,2 % d'eau,

-17 % de protéines,

-13,8 % de lipides,

-1,5 % de glucides

-6,1 % de sels minéraux

Ce sont des données sérieuses sur lesquels on pourra (enfin) fonder une analyse sérieuse :

-discriminer, corréler, expliquer, bref comprendre.

Et, pour peu qu'on répète la mesure périodiquement :

-découvrir les tendances, prévoir les évolutions, suggérer des corrections, bref améliorer !

Oui, le total ne fait pas 100 % : il manque 0,4 % !

Malgré tous mes efforts, je ne sais pas pourquoi.

C'est ce qui m'amène à penser qu'il s'agit de la part de doute et d'incertitude inhérente à la nature humaine.

On comprend qu'elle soit difficile à analyser.

Avant d'aller plus loin, quelques précisions seront certainement utiles à celles et ceux qui ont suivi un cursus surtout littéraire.

- Les *protéines* sont le nom générique qu'on donne à une grande variété de muscles de toute sorte : biceps, abdominaux, fessiers, langue, lèvres, joues, pénis et autres morceaux de cette sorte. Oui, de façon générale, il n'y a aucun bonheur qu'on ne doive aux protéines.

- Les *lipides* constituent la grande famille des matières grasses : bourrelets, cellulite, culotte de cheval, bedon et rondeurs diverses. C'est, en été, la composante chimique principale des préoccupations des gens *aisés* (les *très-aisés* ont les moyens de l'éviter, les *peu-ou-pas-aisés* n'ont aucun moyen d'y accéder).
- Les *glucides* désignent l'ensemble des produits auxquels nous devons la plupart de nos consolations et auxquels les dentistes doivent l'essentiel de leur activité, à savoir les sucres.
- Quant aux *sels minéraux*, ce sont des résidus de fabrication qui datent de la Création. Ils prouvent, s'il en était besoin, que l'homme sort d'une carrière, voire d'un terrain vague.

Revenons au principal et parlons méthode, pour ceux qui souhaiteraient vérifier le résultat que j'ai cité en exergue. Et c'est bien normal : ainsi fonctionne la méthode expérimentale, ainsi progresse la science.

Ces chiffres donnent la composition du potage que l'on obtiendra si l'on met dans un milk-shake géant un corps humain complet, c'est-à-dire sans en écarter de partie, serait-elle moins noble que les autres.

Bien entendu, la présence normale de tous les organes dans leur état standard (nombre de dents, de bras, de jambes, d'yeux…) aura été préalablement vérifiée ; les habits, lunettes, bijoux, téléphones portables… retirés ; l'estomac, les intestins et la vessie soigneusement vidés ; les cheveux coupés à taille raisonnable ; le corps lavé, etc.

Dans le même souci de rigueur, on aura rejeté les individus dont la composition pourrait être impactée par des pratiques douteuses (art moderne, extrême droite, téléréalité…)

Enfin, un test anti-dopage est un minimum.

On me dira que, malgré toutes ces précautions, les pourcentages pourront varier d'un individu à l'autre - en fonction de son âge, sa taille, son poids, ses habitudes alimentaires, sa pratique du sport, sa voiture, ses horaires de travail (s'il en a un…) -, qu'il faudrait prendre un échantillon représentatif de ce qui fait un peu partout sur notre planète en termes de formes, de couleurs et de catégories

socioprofessionnelles, que ce n'est qu'après qu'on pourra en tirer des moyennes incontestables…
Oui, oui, oui.
C'est pourquoi il est impératif de choisir un individu moyen sous tout rapport.
Et comment s'y prend-t-on pour sélectionner une telle personne, moyenne sous tout rapport ?
Il faut des relations.

J'ai justement pris un individu de mes relations, qui a bien voulu se soumettre à l'analyse biochimique nécessaire, gratuitement, *pour l'avancée de la science et le bien des générations futures*, formule que je lui ai suggérée et qu'il a accepté de reprendre dans la rédaction de son testament.
Disons, pour fixer les idées, que ce résultat correspond à un cadre moyen, d'âge moyen, élevé sous sa mère dans une ville moyenne, de corpulence moyenne, moyennement sain et vigoureux et qui, quand nous nous sommes pris d'amitié, passait la moitié de son temps à dormir et le reste à rêver sur son lit d'hôpital.
Voilà pour les explications.

Inévitablement, quand on découvre ces chiffres, on est curieux de savoir le goût qu'aurait ce potage.
Là encore, j'apporte des éléments de réponse.
On pourra s'en faire une idée en mélangeant dans un batteur-mixeur de qualité 100 grammes de Camembert (AOC à 20 % de matières grasses), 38 centilitres d'eau distillée, 4 grammes de romsteak bien rouge, une pincée de sucre blanc (2 grammes), une noix de beurre (2 grammes) et une petite cuillère de la boue industrielle d'un dépotoir standard (10 grammes).
Il manque encore les 0,4 % dont j'ai parlé plus haut, mais c'est une bonne base.

188 400 feuilles

« ... cet arbre d'automne et de vent traversé.
Comme un géant brasier de feuilles et de flammes,
Il se dressait, superbement, sous le ciel bleu,
Il semblait habité par un million d'âmes »
Émile Verhaeren - L'arbre / La multiple splendeur, 1906

Un de mes professeurs de lycée, plus têtu que les autres, nous répétait que la méthode de démonstration vaut mieux que ce qu'on veut démontrer.

Le résultat nous informe, disait-il, *la méthode nous éclaire.*

Malheureusement, il manquait d'exemples pour nous en convaincre.

Et bien, en voici un, en forme de devinette :

Combien un arbre a-t-il de feuilles ?

Les experts ne manqueront pas de dire « *ça dépend de l'espèce de l'arbre, de l'âge, de la hauteur, du diamètre, du relief, du terrain, du climat, de la qualité de l'air, de la latitude, de l'exposition, de la période de l'année... Bernadette, s'il vous plait, raccompagnez Monsieur.* »

Dans les problèmes de cette sorte, il ne faut pas se laisser influencer par les experts.

Je vais droit à la solution.

Prenons un arbre heureux, avec un tronc bien droit, une ramure bien ronde, disons un arbre théorique, coiffé par une demi-boule de 5 mètres de rayon.

Un écolier (d'avant-guerre) vous rappellera la formule de la superficie de la sphère ($4 \times Pi \times R^2$), fera le calcul de tête, en prendra la moitié et vous donnera le résultat : le feuillage de notre arbre a une surface d'environ 157 m^2 et donc, si une feuille de cet arbre fait 10 cm^2, il en faudra 157 000 pour le tapisser !

Voilà !

Notre arbre compte 157 000 feuilles !

Attention ! Toutes les feuilles ne sont pas de la même taille. Il y en a des grandes, des petites, des plates, des froissées. Toutes les feuilles ne sont pas posées sur la surface extérieure de l'arbre, il y en a moins en dedans qu'au-dessus, mais il y en a partout...

J'y ai pensé.

Pourquoi l'arbre ferait-il naitre une feuille si celle-ci ne peut pas prendre la lumière ? Pourquoi donner de la sève à une feuille si elle ne donne rien à l'arbre ? C'est donnant-donnant. Toute feuille a été conçue pour attraper un rayon de soleil et tout rayon de soleil mérite d'être pris… Conclusion : si la feuille est au-dedans de l'arbre, c'est qu'il n'y a rien au-dessus d'elle, et la surface de feuillage totale exposée au soleil est la même.

Ça ne modifie donc pas le calcul.

Et puis, c'est un arbre théorique et j'ai pris une moyenne.

On peut donc admettre qu'une belle coupole totalement verte, composée de feuilles *toutes également nécessaires*, est l'optimum auquel doit parvenir un arbre bien fait.

Ainsi va la nature.

Oui, elle est fortiche !

Évidemment, pour aider l'arbre à atteindre ce beau résultat, il faut que règne une totale harmonie entre feuilles : chacune doit n'attraper que le soleil et tout le soleil pour lequel elle a été prévue.

Mais chez les feuilles, comme ailleurs, il y a des faibles et des fortes.

Si les fortes se limitaient à prendre ce que laissent les faibles, on pourrait parler de simple compensation et on arriverait au même résultat. Mais ça ne marche pas comme ça : il y en a toujours qui ne se contentent pas de ce qu'elles ont et qui écrasent les autres.

Des feuilles ne tombent-elles pas en été ?

A cause des intempéries, à cause des maladies, mais aussi à cause de la rivalité entre feuilles !

L'arbre ne peut pas y faire grand-chose. Il prévoit tout simplement une marge de sécurité et il fait naître plus de feuilles qu'il n'en serait théoriquement nécessaire.

Cela le fatigue, on s'en doute, mais il n'a pas le choix.

Ajoutons donc 20 % pour traduire cette part d'égoïsme dans le milieu des feuilles.

Pourquoi 20 % ?

Au dessus, l'arbre ne le supporterait pas, il mourrait d'épuisement.

Quand la nature voit ça, elle invente une autre espèce.

Cela s'appelle l'évolution.

En dessous de 20 %, je serais taxé d'optimisme et il n'y a aucune raison de croire que le monde végétal est plus altruiste que les autres.

Il faut bien faire des hypothèses.

On arrive donc à 157 000 + 20 %, soit 188 400 feuilles, pour un modèle de 5 mètres de rayon et une feuille moyenne de 10 cm^2. C.Q.F.D.

On peut aussi attendre l'automne et compter les feuilles qui tombent.

1 kilo

« Derrière les ennuis et les vastes chagrins
Qui chargent de leur poids l'existence brumeuse,
Heureux celui qui peut d'une aile vigoureuse
S'élancer vers les champs lumineux et sereins ; »
C. Baudelaire - Élévation / Les fleurs du mal, 1857

Tous ceux qui, comme moi, aiment la précision, souffrent de la floutitude qui entoure la définition du kilogramme… La voici cette définition : *le kilogramme est égal à la masse du prototype international du kilogramme.*
En d'autres termes, un kilo est… un kilo.
Vous voyez, il n'y a pas de quoi être fier.

Cette définition, qui date de 1889, est toujours d'actualité malgré les quelques additifs apportés en 1994, lesquels ne sont que cosmétiques :
« *En raison de l'accumulation inévitable de polluants sur les surfaces, le prototype international subit une contamination réversible de surface d'environ 1 µg par an en masse. C'est pourquoi le Comité international a déclaré que, jusqu'à plus ample information, la masse de référence du prototype international est celle qui suit immédiatement le nettoyage-lavage selon une méthode spécifique (PV, 1989, 57, 15-16 et PV, 1990, 58, 10-12)* »

Si vous voulez en savoir plus, il vous faudra faire comme tous les épiciers soucieux d'exactitude : effectuer le pèlerinage au Bureau international des poids et mesures, situé au pavillon de Breteuil à Sèvres près de Paris, où est entreposé l'étalon archaïque.
Que les ressortissants des pays en situation difficile avec le nôtre n'aient aucune crainte, le lieu jouit d'un statut d'extra-territorialité depuis le 25 avril 1969.
L'endroit, ex-résidence d'été de la princesse Mathilde-Letizia Wilhelmine Bonaparte, situé dans la verdure du parc de Saint-Cloud, est merveilleux. On y mange très bien et les rêves que l'on fait, quand on a la chance d'y passer la nuit, sont de haute qualité scientifique.
Malheureusement, il n'est pas ouvert au public. A moins de faire partie des experts chargés des réunions préparatoires aux réunions préparatoires des réunions plénières des Poids et Mesures, une demande écrite et motivée est indispensable.
Ceci dit, même avec un piston solide, il y a peu de chance qu'on vous permette d'utiliser le prototype, car on ne le sort jamais de son coffre-fort, sauf, peut-être, une fois de temps en temps pour un

brin de toilette. Il y a trop de risque qu'une poussière agressive vienne saboter le spécimen.

Rien que d'interdire l'endroit aux microbes donne mal à la tête aux services de sécurité.

Alors, qu'est-ce qu'on attend, me direz-vous, pour donner au kilogramme une définition plus facile à utiliser ?

On y travaille !

On devrait sortir du brouillard d'ici peu mais on ne veut pas se précipiter, on préfère être sûr, on veut tout vérifier.

Les conséquences d'une erreur seraient incalculables.

Songez que du kilogramme dépendent de nombreuses autres unités de mesure dans de nombreux domaines, et pas les moindres : la mécanique (le newton, le pascal…), l'énergie (le joule, le watt…), l'électricité (l'ampère, le coulomb, le volt, le tesla, le weber…), la lumière (le candela, le lumen, le lux…), la monnaie (l'euro, le dollar, le yen…), la poésie (l'ennui, le chagrin, l'angoisse, le plaisir, l'amour…) et bien sûr l'indice de masse corporelle (le fameux I.M.C.) dont tout le monde sait l'importance dans les centres thalasso-thérapeutiques…

Inutile d'insister, le Pavillon de Breteuil est peu protégé et tout cela donnerait des idées aux terroristes.

Un 14 juillet de fête

« Dansez, multipliez vos pas précipités,
Et dans les blanches mains les mains entrelacées,
Et les regards de feu, les guirlandes froissées,
Et le rire éclatant, cri des joyeux loisirs,
Et que la salle au loin tremble de vos plaisirs. »
Alfred de Vigny - le bal / Poèmes antiques et modernes, 1826

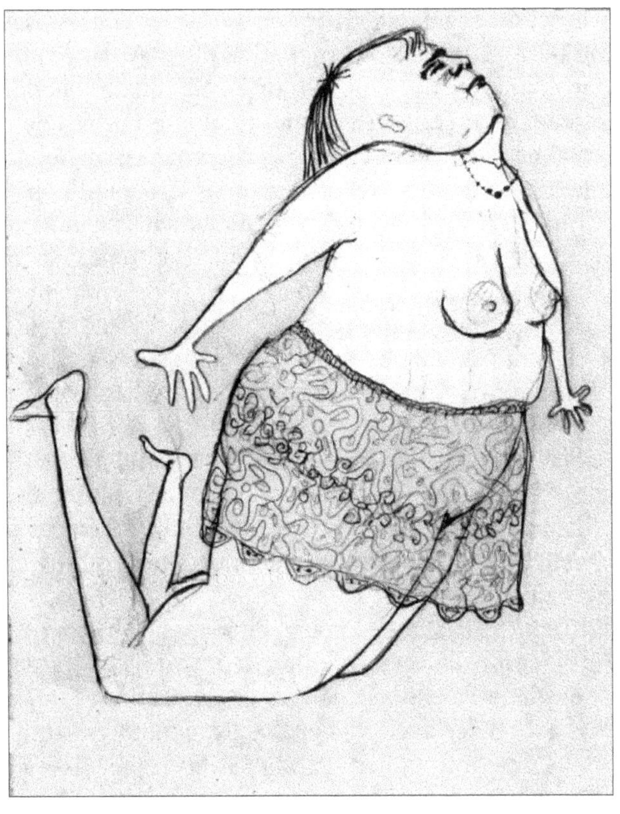

On rirait, on danserait, on sauterait à pieds joints, on bougerait les mains au dessus de la tête, on ferait les andouilles, on ne réfléchirait plus, il y aurait des farandoles ou des rondes ou des ovales, chacun choisirait, on s'offrirait des fleurs, ou des bonbons, ou des chocolats, tous les cadeaux feraient plaisir, on se ferait des clins d'œil ou des bisous ou on se roulerait des patins, on aura l'autorisation de la patineuse, ou du patineur, on se tirerait la langue en se tordant les oreilles, toutes les grimaces seraient belles, mais si on préfère, on pourra se taper sur l'épaule ou dans la main ou sur le ventre, mais pas trop fort, juste comme il faut, là où c'est drôle, on chanterait *ça-ira-ça-ira* ou *la Marseillaise* ou *la Madelon* ou *Fernande est ma copine* ou on sifflerait *le pont de la rivière Kwaï* ou on ferait semblant, on rigolerait, on jouerait, la vie serait gratuite, on boirait du vin, un vin qui ne fait pas de mal, ou de la grenadine si on préfère, ou du jus d'ananas, ou de la liqueur de noix de coco, ce qu'on aime serait dans la bouteille, il ferait ni beau ni mauvais, pas trop, il y aurait du soleil, mais on n'attraperait pas de coup de soleil, le soleil ne ferait pas mal aux yeux, on n'aurait pas froid, on n'aurait pas faim, on mangerait par gourmandise, on boirait pour rire, les oiseaux reviendraient.

Mais on ne sera pas obligé, on ne sera obligé de rien, ceux qui le voudront pourront se passer un dvd avec de jolis défilés, tournés en haute définition, avec des ralentis, en 3D, avec des taratatas, des belles fanfares avec des une-deux, des gauche-droite, des têtes hautes, des médailles étincelantes, des mentons carrés, des fusils pointus, ils pourront même choisir l'histoire du régiment ou celle de la dernière guerre ou d'autres commentaires inutiles mais qui font un joli glouglou dans le poste.

Ceux qui n'aiment pas la télé pourront rester au lit, pour rêvasser, se faire des câlins, enlacer l'oreiller, et même jeter les draps par terre en levant les pieds au plafond et en écartant le orteils, ou aller jouer aux boules avec les copains, les pointeurs sauront tirer, et les tireurs sauront pointer, ou aller à la pêche, il y aurait du poisson, l'eau serait propre, on pourra se baigner, les aveugles verront, les malades seraient guéris, les regrets auraient disparus, tout le monde se sentirait bien, même dans les tombes, tout le monde serait bien ensemble, il y aurait plein de coup de foudre, tout le monde serait amoureux, tout le monde serait content, même les mécontents.

Un jour, une fois, on serait tous heureux…

Ce serait bien.

Une dizaine de TEB

« Mais pas un cheveu de votre tête ne sera perdu. »
Évangile selon St Luc, chapitre 21,18

L'autre jour, je débattais avec Dédé, mon coiffeur, de quelques sujets futiles. Nous avions fait le tour du problème du libre-arbitre, nous abordions la question de l'utilité de l'homme et de son rôle sur la planète quand, par inadvertance, j'ai employé un ton exagérément sarcastique à l'égard de nos frères humains écologistes.
Je l'ai senti à son coup de rasoir, plus nerveux que d'habitude.

Je vais me racheter aujourd'hui en montrant mon souci d'aider, moi aussi, les générations futures.
Je prendrai même un sujet qui intéresse tout particulièrement Dédé : le cheveu.

Qu'est-ce que le cheveu ?
…
Évidemment, mais encore ?
…
Ne cherchez plus : le cheveu est un gisement !
Oui, un gisement ! Et du plus précieux qui soit : un gisement de protéines !
Il faut évidemment savoir que le poil crânien est composé à 95 % de ce matériau (les 5 % qui restent sont difficiles à identifier, surtout en fin de semaine).
Des protéines donc, c'est à dire un produit indispensable au monde vivant, incontournable dans l'alimentation, l'élevage, l'agriculture, la cosmétique, la pharmacie….
Et que fait-on de ce trésor ?
Rien !
On le balaie et on le jette !
Pour information, les plumes et duvets de nos amies les volailles ne font pas l'objet d'un tel gaspillage.
Le rapport d'activité 2015 du *Syndicat des industries françaises des coproduits animaux* (SIFCO) indique qu'environ 40 000 tonnes de farines de plumes sont produites chaque année. Ceux que ça intéresse apprendront que 47 % sont destinées aux *petfood* (croquettes pour chiens et chats), 34 % à l'*aquaculture* (les poissons) et que le reste sert d'engrais. Bravo Internet !
Mais revenons au cheveu.
Faisons une rapide étude.

Je laisse de côté le cheveu féminin.

Pour trois raisons.

Primo, l'artiste capilliculteur pour femmes peigne, frise, défrise, colore, noue, natte, chignonne... mais il ne coupe qu'au millimètre, de sorte que l'utilisation de l'aspirateur - inévitable - rend difficile la récupération de la précieuse matière première (dans l'état actuel de la technologie).

Secundo, le cheveu féminin, agressé par mille et un produits chimiques, colorants, laques, assouplissants... nécessiterait une purification coûteuse.

Tertio, Dédé est coiffeur pour hommes, exclusivement.

Venons-en à ma proposition.

L'INSEE évalue actuellement à environ 2 000 le nombre de coiffeurs pour homme (en équivalent salariés plein temps) sur notre territoire.

Or, selon Dédé, un artisan coiffeur moyen fait 10 coupes par jour, sinon il ferme.

Disons 300 coupes par mois.

Ce qui donne (pour 2 000 artistes capilliculteurs), un total de 600 000 coupes masculines mensuelles !

On peut compter de 10 à 30 grammes de cheveux par coupe. Disons 20 grammes.

Résultat ? Douze tonnes par mois !

A 95 % le taux de protéine, ça fait une dizaine de TEB mensuelles (tonnes d'équivalent bifteck) !

Comment peut-on jeter d'un tel trésor ?

On m'objectera que le ramassage du matériau couterait plus cher qu'il ne rapporterait !

La solution est enfantine !

Il suffit de confier cette tâche à une personne habilitée qui passe régulièrement à proximité des lieux de production !

...

Le facteur, évidemment !

A chaque passage, il échangerait un sac vierge contre un sac plein.

Ce ne serait pas plus difficile que ça !

A charge pour son responsable hiérarchique de transmettre la précieuse récolte à l'adresse indiquée.
Ce qui serait pour lui, chef postier, l'enfance de l'art.
Je suis sûr que notre belle administration des Postes sera fière de participer à une action éco-responsable de cette envergure.

De plus, en développant cette nouvelle entreprise, nous ferions un pas dans une direction infiniment prometteuse : celle du recyclage du corps humain, lequel est, aujourd'hui encore, le déchet industriel le plus scandaleusement inutilisé.

Vendredi 13

"Présage. Signe que quelque chose arrivera si rien ne se passe."
Ambrose Pierce- Le Dictionnaire du diable, 1881-1906

– *C'est normal, Professeur ! Vous ne pouvez pas comprendre, vous êtes un scientifique !*
J'avais l'habitude de ce genre de remarque, mais cette fois-ci j'en étais resté assommé.

Éléonore était ma secrétaire depuis bientôt trois mois. La première fois qu'elle avait tenté de prononcer *désoxyribonucléique*, elle avait si délicieusement bafouillé que j'en étais tombé immédiatement amoureux. Depuis, je ne savais comment lui avouer le trouble que je ressentais.
J'avais enfin trouvé ma première occasion :
- *Éléonore, voudriez-vous m'accompagner demain-soir au gala de l'A.P.P., l'Amicale des Poètes Philosophes ?*
La chaleur me montait aux joues, mais sa réponse m'a vite refroidi :
- *Professeur, vous n'y pensez pas : demain, c'est vendredi 13 !*
Dire que j'ai été surpris est peu dire.
C'est là qu'elle m'a achevé :
- *C'est normal, Professeur ! Vous ne pouvez pas comprendre ! Vous êtes un scientifique !*
Groggy.
Demi-tour, tête basse, je ne songeais qu'à rentrer sous terre.
Sa jolie voix me rattrapa au moment où je tournais le dos.
- *Professeur, professeur, c'est d'accord ! Je prendrai mon gris-gris porte bonheur !*
Comment expliquer mon béguin pour cette femme ?
L'attraction des contraires.

Le lendemain après-midi fut vite bouclé. Elle avait pris un rendez-vous d'urgence chez son coiffeur et je n'avais pas la tête à mes recherches. Nous avions convenu de nous retrouver au pied de son immeuble à 19 heures.
En partant, elle m'avait salué plus doucement que d'habitude :
- *A ce soir, professeur...*
Elle ajouta à voix basse :
- *Mais je vous en prie, mettez une autre cravate ! Le bleu n'est plus à la mode depuis longtemps !*
Après l'uppercut de la veille, le crochet au foie !

A 17h00, j'étais déjà rasé de près, enchemisé de neuf, veste et pantalon fraîchement pressés et chaussures brillantes, mais je n'avais pas choisi ma cravate.

J'ai ma méthode. Je suis un scientifique. Je visualise chaque éventualité, j'évalue les conséquences, je pèse les avantages et les inconvénients, probabilités à l'appui…
J'avais vidé mon râtelier à cravates, tout étalé sur le lit, écarté les cravates plus ou moins bleues, rejeté les froissées, il m'en restait deux : une verte ennuagée de violet et une violette fleurie de rouge.
Je sentais que sur un détail comme celui-là pouvait se jouer mon image d'homme de goût. A coup sûr, il ne se représenterait pas de sitôt une opportunité de montrer ma sensibilité à autre chose que les tubes à essais et les mathématiques.
Pas simple !

Pour me donner le temps de réfléchir, j'ai pris mes deux cravates, une dans chaque poche, et je suis parti très en avance au rendez-vous. Je voulais marcher un peu. L'homme d'action prend ses décisions en marchant.
Je marchais.
Je marchais et je réfléchissais.

D'un côté, le vert paisible, renforcé par un violet romantique, inspirait la sérénité et l'équilibre. Bien. Bien… Peut-être trop sage et réservé. L'autre choix, le rouge, à peine atténué par le fond violet, suggérait la passion, l'énergie, le dynamisme, mais je redoutais que la fougue de l'ensemble n'apparût trop grande…

Je regardais les passants, pestant en moi-même :
- *La mode ! La mode !*
J'ai croisé une femme habillée de noir et de blanc. Suivait un homme à cravate beige et pull marron, puis un imperméable gris, un tailleur gris, une jupe bleue, un pantalon noir, du rouge, du vert, du noir, du gris !
- *La mode ? La mode !* me suis-je répété en levant les yeux au ciel.
Des oiseaux tournaient autour des toits.

Par association d'idées, j'ai suivi une piste :

- Autrefois, on avait des solutions dans des cas comme ça. Les oiseaux servaient d'oracle. Ah, c'était pratique !

A bien y réfléchir, j'ai trouvé la méthode pas si simple :

- Comment pouvait-on être sûr ? On répétait la mesure ? Mais si un oiseau allait à droite et un autre à gauche ?

J'ai haussé les épaules en abandonnant cette idée, et puis je me suis dit qu'il y avait peut-être quelque chose à en tirer :

- Après tout, on peut essayer. Disons que je me fie à la première personne qui porte une cravate. Si sa cravate est de couleur vive je mets ma cravate verte, sinon ce sera l'autre. Top, c'est parti !

Deux cents mètres plus tard, mon raisonnement ne tenait plus la route :

- C'est ridicule ! Je ne vais quand même pas choisir la couleur verte au lieu de la rouge si la cravate que je croise est rouge vif !

Au carrefour, je creusais une autre idée :

- Disons que je prends la première personne qui a une main dans la poche. Si c'est la droite, je prends la cravate qui est dans ma poche droite, sinon ce sera l'autre.

Lumineux !

Mais, non ! Ça clochait !

- 85% des gens sont droitiers ! Il ne serait pas étonnant que le droitier se serve plus souvent de sa poche droite que de sa poche gauche. Je risque de prendre pour un signe ce qui n'est qu'un simple effet statistique ! Il faudrait un écart significatif !

Je me mis à observer les mains de tous les passants.

Au bout de dix grosses minutes, j'avais compté 3 poches droites et 2 poches gauches.

C'était long et, vu la taille de mon échantillon, je ne pouvais rien en déduire.

Le temps passait. Il fallait choisir !

Sur un coup de tête, j'ai pris une décision : ce sera la poche gauche pour la simple raison que c'est le côté du cœur.

J'étais soulagé, anxieux mais soulagé.

Au même moment, j'ai remarqué sur le trottoir opposé, juste en face de moi, un homme qui regardait fixement je-ne-sais-quoi dans ma direction.

Les lunettes rondes, le front dégarni, la barbichette blanche, on aurait dit mon père, ressuscité, se baladant sur les boulevards !
Mon cœur a fait un bon de petit garçon.

L'homme a mis la main dans sa poche droite et, comme pour être sûr que j'avais compris, a hoché la tête pour remercier un automobiliste de s'arrêter.

Là, c'était clair ! Je pouvais y aller de confiance. C'était le signe que j'attendais !

Confiant, je me suis arrêté pour passer la cravate que m'avait désignée mon père quand une voix dans mon dos me fit sursauter :
- *Professeur ! Vous êtes en avance !*
Éléonore !
J'ai bredouillé. Elle m'a souri :
- *Ah ! Vous n'avez pas mis de cravate !*
Elle faisait mine de me gronder.
J'ai enfoncé prestement la main dans la poche de ma veste pour lui montrer celle que j'avais choisie, mais elle me devança :
- *Vous avez eu raison, professeur ! Ça vous va bien !*
Elle a alors passé son bras sous le mien et m'a dit :
- *Venez, Michel, je vais vous montrer où j'habite. On a largement le temps.*
C'était la première fois qu'elle m'appelait *Michel*.

Finalement, nous ne sommes pas ressortis.
Les esprits scientifiques ne peuvent pas comprendre, c'était Vendredi 13.

14-18

« Une foule de rois ennemis et cruels
Ayant soif comme toi dans la vigne éternelle
Sortiront de la terre et viendront dans les airs
Pour boire de mon vin par deux fois millénaire »
Guillaume Apollinaire - Vendémiaire / Alcools, 1913

Savez-vous que du 1er Mai au 31 Octobre 1873, se tint à Vienne, en Autriche, une exposition universelle ?

Pendant ces foires, on distribuait des récompenses, diplômes, médailles et distinctions en tous genres aux exposants les plus méritants.

En 1873, la France, qui en récolta environ 3 000, arriva troisième au classement général, derrière l'Autriche et l'Allemagne qui en reçurent chacune à peu près le double !

Nous étions donc loin derrière nos cousins germains !

Comment cela était-il possible ?

Cela méritait d'en savoir plus !

J'ai choisi un domaine où la France a toujours brillé de mille feux : celui des vins et spiritueux, et je me suis plongé dans le rapport correspondant (je fréquente de bonnes bibliothèques).

On y apprend que 14 700 échantillons, venus du monde entier, étaient soumis à l'appréciation du jury, lequel eut besoin de 45 jours pour parfaire la dégustation. Ce qui, soit dit en passant, implique un rythme de 326 godets, même peu remplis, à écluser chaque jour. Le rapporteur, précise que ce *pénible* travail eut lieu entre le 16 Juin et la fin Juillet, c'est à dire au moment de la plus forte chaleur.

Terrible, effectivement !

Mais venons-en aux faits.

Je passe sur la sécheresse de 1872 qui, s'ajoutant à la défaite de 1871, avait pénalisé la production vinicole française.

Je passe aussi, quoique plus difficilement, sur le scandale des vins d'Alsace-Lorraine qui, depuis la défaite de 70, étaient devenus allemands. Et ces derniers ne s'en étaient pas privés lors de cette exposition !

Mais une défaite est une défaite…

Mais je ne peux pas passer pas sur l'organisation scandaleuse particulièrement défavorable à nos productions : les vins autrichiens et allemands étaient stockés dans des caves climatisées, alors que les nôtres étaient entreposés dans l'enceinte de l'exposition !

Ce n'est pas tout ! Si on consulte le règlement de l'exposition, on apprendra que, dans chaque section (les vins et spiritueux constituaient une section), le nombre de membres du jury de chaque pays était proportionnel à son nombre d'exposants (425 pour la France et 580 pour l'Autriche) et que le président et les deux vice-présidents avaient été nommés par son Altesse Impériale (d'Autriche), par ailleurs président de l'exposition.
Inutile de faire un dessin, on aura compris : magouilles et compagnie !

Les résultats ont été logiques : la France a obtenu 264 récompenses, alors que l'Autriche en a ramassé 306 et l'Allemagne 261 !
L'écart était moindre ici que dans d'autres domaines, c'est bien normal, mais nous n'étions que seconds, quasiment ex aequo avec les *boches* !

On comprend pourquoi se développa dans notre pays un terrible sentiment d'injustice qui, s'ajoutant au ressentiment atavique de nos aïeux envers les boissons teutonnes, fit naître une soif de revanche irrépressible.
Question vins et spiritueux, il ne faut pas chatouiller l'honneur français : l'apocalypse de 14-18 était inévitable.

De 1 à 10^{10} EH

« Il reste encore un truc
Qui n'est jamais caduque
Pour voir la vie en rose.
Une bonne paire de claques dans la gueule »
Boris Vian - Une bonne paire de claques dans la gueule, 1958

L e monde est compliqué, c'est peu de le dire.
Si on en croit les experts les plus optimistes, nous allons droit vers la disparition pure et simple de ce que nous avons de plus cher, c'est à dire nous-mêmes.
Le seul espoir qu'il nous reste serait de faire nos bagages et de changer de planète.

Il est temps de calmer les esprits !
Un peu de bon sens vaut mieux que corde à nœuds et relisons Descartes, notre père à tous en matière de méthode.
Commençons par identifier les problèmes qui se posent à l'humanité !
Car - incroyable mais vrai - personne n'en a encore fait la liste !
Comment voulez-vous dans ces conditions savoir sur quel problème il convient d'agir en priorité ?
Histoire de montrer que ce n'est pas le bout du monde, je vais commencer le boulot.

Il paraît judicieux de lister les problèmes selon leur taille, c'est à dire le nombre d'êtres humains (EH) directement concernés.
En allant du plus grand au plus petit, on peut classer les problèmes ainsi :

- **Super-problèmes** : ce sont les problèmes qui concernent tous les êtres humains (10^{10} EH)
Pour exemple, j'avais pensé au respect des droits de l'homme, mais certains philosophes de mes amis m'ont persuadé que les définitions internationales données à ces trois mots (*respect, droit* et *homme*) ne font pas l'unanimité.
Heureusement (si on peut dire), il y a d'autres exemples, incontestables ceux-là, de super-problèmes : l'intolérance, la bêtise et la méchanceté (toujours croissantes), la mort (toujours invaincue), l'existence de l'âme et ses conditions d'accès au Paradis (toujours hypothétiques)…

- **Téra-problèmes :** ce sont ceux qui touchent au moins un milliard d'êtres humains (10^9 EH), tout en épargnant quelques privilégiés.

Tout le monde a entendu parler du réchauffement de la planète. C'est le téra-problème le plus discuté dans les salons sérieux, à juste titre quand on pense à ce qu'en seraient les terribles conséquences si on ne trouve pas de solution : élévation du niveau des mers (que deviendront les belles villas de Palm Beach ?), disparition des plages de sable fin (où irons-nous en été ?), augmentation des canicules estivales (quand fera-t-on des climatiseurs silencieux ?), disparition des stations de ski (que ferons-nous en hiver ?), etc.

- **Méga-problèmes** (de 10^6 EH à 10^9 EH)
Viennent immédiatement à l'esprit les guerres multiples qui secouent le monde et leurs cortèges d'horreurs. L'idéal serait de les interdire, purement et simplement, mais on peut craindre que cela ne pose une quantité de problèmes encore plus difficiles à résoudre (rappelons que la guerre est une des distractions les plus anciennes de l'humanité).
Mais il y a dans cette catégorie suffisamment d'autres problèmes pour trouver à s'occuper : la faim, la pollution, la raréfaction des matières premières (dont l'eau et la solidarité), le marchandising de la santé, l'aide au développement des pays sous développés, l'aide au développement des pays en cours de développement, l'aide au développement des pays développés…
On m'en voudrait de ne pas citer quelques graves problèmes français comme la question de l'âge de la retraite, la qualité consternante des programmes de télévision et le niveau déplorable de nos clubs de football…

- **Gros-problèmes** (de 10^3 EH à 10^6 EH).
Ce sont les problèmes préférés de nos médias : les catastrophes naturelles (tremblements de terre, éruptions volcaniques, tsunamis, inondations, sécheresses, épidémies…), les catastrophes industrielles (explosions de centrales nucléaires, dispersion d'agents chimiques…) et les conflits de toutes sortes (dont certains méritent d'être rangés dans la catégorie supérieure) entre communautés, clans, tribus, peuples, nations, ethnies, religions et autres groupes de partisans de ceci contre les partisans de cela.

Il y a aussi la mauvaise fluidité des autoroutes parisiennes entre 7h et 10h, entre 17h et 20h, et souvent entre 10h et 17h, voire entre 20h et 7h.

- Petits-problèmes (de 1 EH à 10^3 EH)

Plus les problèmes sont petits, plus ils sont nombreux. Je me limiterai donc à citer pour exemple ici la question épineuse (taille = 900 EH) du changement de nom de Saint-Fraimbault-de-Prières, jolie commune de Mayenne, la faiblesse relative des rémunérations des patrons du CAC40 (40 EH), le choix entre Dupont et Durand aux Présidentielles (2 EH), ou l'impossibilité qui est la mienne de réussir une omelette au fromage-pommes de terre (1 EH).

- Faux-Problèmes

Ici, ce n'est pas tant la quantité d'êtres humains concernés qui permet d'identifier cette sorte de problèmes que la simplicité de leur solution. On y trouve des questions aussi diverses que l'existence de Dieu, l'importance relative de Moïse, de Jésus ou de Mahomet dans l'organisation de la galaxie, le sexe des anges, l'authenticité du Suaire de Turin, la toxicité de la viande de porc, la couleur du cheval d'Henri IV, l'identité du masque de fer, la présence parmi-nous des extraterrestres, etc.
La solution est évidente : chacun peut penser ce qu'il veut à condition que ce soit dans son coin et qu'il n'empêche personne de penser autrement.

Tout ceci n'est qu'un canevas de réflexion, une amorce de liste mais je suis sûr qu'un petit groupe d'experts et quelques réunions (dans une arrière-salle que je sais) en viendront aisément à bout.

Voilà, l'élan est donné, je vais boire un coup.